# 33 DÍAS CON MARÍA

## PARA CONSAGRARSE A DIOS A TRAVÉS DE LA REINA DE LA PAZ

Jamut, Gustavo
   33 días con María : para consagrarse a Dios a través de la Reina de la Paz / Gustavo Jamut ; Diego González Rivera. - 1a ed. - Ciudad Autónoma de Buenos Aires : Bonum, 2023.
   240 p. ; 20 x 14 cm.

   ISBN 978-987-667-363-1

   1. Oraciones Cristianas. I. González Rivera, Diego. II. Título.
   CDD 242.2

Edición: Jorge Blanco
Corrección: Silvina Urquiza
Diseño de tapa e interiores: Silvina Álvarez

© Editorial Bonum, 2023.
Av. Corrientes 6687 (C1427BPE)
Buenos Aires - Argentina
Tel.: (5411) 4554-1414
ventas@editorialbonum.com.ar
www.editorialbonum.com.ar

Queda hecho el depósito que indica la Ley 11.723
Todos los derechos reservados
No se permite la reproducción parcial o total, el almacenamiento, el alquiler, la transmisión o la transformación de este libro, en cualquier forma o en cualquier medio, sea electrónico o mecánico, mediante fotocopias, digitalización u otros métodos, sin el permiso previo y escrito del editor. Su infracción está penada por las Leyes 11.723 y 25.446.
Impreso en Argentina
Es industria argentina

# ÍNDICE

| | |
|---|---|
| Introducción............................................................................ | 5 |
| Como surgió este libro........................................................ | 7 |
| ¿Qué es consagrarse y consagrar?................................. | 11 |
| Frutos que surgirán de este libro..................................... | 15 |
| Liberación de fuerzas malignas........................................ | 17 |
| Como utilizar el libro ........................................................... | 19 |
| | |
| 1°. "Abriendo puertas"........................................................ | 23 |
| 2°. "Iluminar"......................................................................... | 29 |
| 3°. "María nos abraza con amor"..................................... | 36 |
| 4°. "Reflejo de la luz" .......................................................... | 42 |
| 5°. "Crecimiento" ................................................................. | 48 |
| 6°. "Plenitud"......................................................................... | 54 |
| 7°. "Envueltos por la luz".................................................... | 59 |
| 8°. "Protección".................................................................... | 66 |
| 9°. "Caminar en la luz"....................................................... | 73 |
| 10°. "Nuevo amanecer"...................................................... | 79 |
| 11°. "Sanar la curiosidad" ................................................. | 86 |
| 12°. "Salir de la neblina" ................................................... | 91 |
| 13°. "Desarrollo espiritual"................................................ | 97 |
| 14°. "Tus ojos" ..................................................................... | 101 |
| 15°. "Sanar la rebeldía"..................................................... | 109 |
| 16°. "Los sacerdotes"......................................................... | 114 |

| | |
|---|---|
| 17º. "El Tiempo" | 119 |
| 18º. "Protegidos por María" | 126 |
| 19º. "Iluminación divina" | 131 |
| 20º. "Discernimiento" | 137 |
| 21º. "Salir de la rutina" | 143 |
| 22º. "El Buen Camino" | 153 |
| 23º. "Levántate y resplandece" | 157 |
| 24º. "Sabiduría" | 164 |
| 25º. "Los ángeles de Dios" | 172 |
| 26º. "Andar en Victoria" | 180 |
| 27º. "Renueva tu luz" | 185 |
| 28º. "Liberación de los temores" | 192 |
| 29º. "Purificación" | 200 |
| 30º. "Orando por la salud" | 209 |
| 31º. "Iluminación emocional" | 215 |
| 32º. "De colores" | 222 |
| 33º. "Ser comunidad" | 230 |

## Consagración

| | |
|---|---|
| Oración de consagración a Nuestra Señora del Rosario de San Nicolás | 234 |
| La consagración del mundo | 235 |
| Oración de consagración de la Comunidad Evangelizadora Mensajeros de la Paz | 236 |
| Oración de consagración | 238 |

# Introducción

Queridos amigos:

¡Reciban, hoy y siempre, la paz y la alegría de Jesús y de María!

Comencemos este libro compartiendo un mensaje de nuestra Madre, quien nos invita a ponernos bajo su protección y guía por medio del camino hacia la consagración.

"¡Queridos hijos! Hoy estoy muy feliz porque hay muchos de ustedes que desean consagrarse a mí. ¡Les doy las gracias! No se han equivocado. Mi hijo Jesucristo desea concederles –a través de mí– gracias particulares. Mi Hijo está contento por su consagración a mí. ¡Gracias a todos los que han respondido a mi llamado!"

(Mensaje de la Reina de la Paz,
17 de mayo de 1984).

# Como surgió este libro

*"Hagan todo lo que él les diga"*

(Juan 2, 5).

Hace ya algunos años, unos amigos nos preguntaron si –con ocasión del aniversario de las primeras apariciones de la Virgen María en Medjugorje (Bosnia-Herzegovina)– podíamos grabar unas reflexiones breves durante treinta y tres días, a fin de –recibiéndolas por WhatsApp– utilizarlas como camino de preparación espiritual para consagrarse a Dios por medio de María.

Después de conversarlo entre nosotros, sentimos que el pedido venía de parte de Dios y que resultaría de mucha utilidad, no solo para los oyentes, sino también para nosotros que debíamos tomarnos el tiempo para meditar los mensajes de la Reina de la Paz y grabarlos en audio, junto con las reflexiones y las oraciones de cada día; por lo tanto, no dudamos en aceptar esta invitación.

Durante el transcurso de las semanas, lo que más nos asombró y sorprendió gratamente fue la amplia difusión que esos mensajes diarios tuvieron en muchísimos países, y los frutos que produjeron esas reflexiones enviadas por medio de WhatsApp.

En esa ocasión, yo (padre Gustavo) escuché por primera vez el término "viralizar"; pues varias personas me decían: "se han viralizado".

Pero, como suele suceder con las obras de Dios y de su Madre, después del primer año de haber grabado y enviado los treinta y tres mensajes, algunas personas preguntaron (al padre Diego) por qué los audios no los transcribíamos y les dábamos forma de libro para poder usarlos en otros momentos del año, por ejemplo, en la preparación de la fiesta de la Anunciación o de la Inmaculada Concepción, o incluso en la solemnidad de alguna advocación mariana, como Nuestra Señora del Rosario de Chiquinquirá, Nuestra Señora de Guadalupe, Luján, etc..

Luego de debatir sobre el tema entre nosotros, decidimos animarnos, y, después de casi un año de trabajo, este libro es el fruto de esa labor tejida a cuatro manos.

Un detalle que no queremos dejar de mencionar es que, acompañando una peregrinación y estando en Medjugorje, hemos sentido la confirmación de escribir este libro, poniendo en las manos de Nuestra Madre, a los pies del Podbrdo (Monte de las Apariciones), a todas las personas a quienes llegaría este libro y que se unirían a esta legión de intercesores, orando especialmente por todos aquellos que están alejados de Dios y que recibirán la gracia de experimentar su amor y el de María, y, recuperando la fe, regresarán a su Casa Grande, que es la Iglesia.

Cabe destacar que hemos escrito este libro inspirados fundamentalmente en dos fuentes: los ejercicios espirituales de san Ignacio de Loyola, sobre todo adaptados para la vida cotidiana; así como también *El tratado de la verdadera devoción*, de san Luis María Grignion de Monfort, pero adaptado a nuestro tiempo y especialmente enriquecido con los mensajes con los que, desde Medjugorje, la Virgen María viene educándonos en su escuela desde hace ya varios años.

En estos treinta y tres días de preparación para la consagración, también hemos retomado algunos textos que fueron utilizados en otro momento para meditar acerca de Dios, como luz del mundo. Por lo cual, el tema de la luz de Dios será un eje transversal en estas páginas. Y esto nos parece fundamental, ya que los videntes de Medjugorje, cuando se les pregunta cómo ven a la Virgen, suelen coincidir en que ella llega toda envuelta en luz y que irradia un resplandor que parece fluir desde su interior.

# ¿QUÉ ES CONSAGRARSE Y CONSAGRAR?

> *"El Señor dijo a Moisés: 'Ve al pueblo y conságralos hoy y mañana, y que laven sus vestidos'"*
>
> (Éxodo 19, 10).

Consagrarnos es ofrecernos a Dios por medio de las manos de María, para ponernos totalmente a su servicio y disposición.

Es entregarnos totalmente a Aquel que es el Gran Santo para pertenecerle totalmente, como María le perteneció, y para que nos colme de su santidad.

Consagrar nuestras vidas es decidirnos a responder al llamado de Dios para ser el corazón y las manos de María en el mundo.

Prepararnos durante treinta y tres días para al fin consagrarnos, significa dejarnos transformar durante ese tiempo por el amor de Dios y de María, dejándonos guiar sin condiciones, confiando en que el Espíritu Santo sabe –mejor que nosotros mismos– lo que más nos conviene; y que, si estamos más atentos a sus inspiraciones, percibiremos como él nos indicará cada día el camino correcto.

Por lo tanto, el camino de consagración y la consagración misma nos ayudarán –valga la paradoja– a estar más despiertos, pues podemos dormir tranquilos en los brazos de la Madre.

Consagrarnos también es asumir –como auténticos católicos– nuestro compromiso evangelizador; a semejanza de María, que sale del "área de confort" de su casa de Nazareth, poniéndose en camino hacia el pueblo de Ain Karen, para servir a su pariente Isabel y compartir con ella las alabanzas a Dios.

Pero no solo nos consagramos a nosotros mismos, sino que también podemos consagrar a Dios a otras personas individuales o grupos sociales, instituciones y países, depositando en las manos de la Virgen María aquello que se le consagra.

Para esto solo basta con poner cada día la intención de consagrar (o reconsagrar[1]) la familia, la Iglesia, el propio país, el mundo, etc.

Nosotros entendemos que la oración con la cual consagramos a otros sigue la misma línea que la **oración de intercesión**.

Para una mayor comprensión, veamos algunas afirmaciones del Catecismo de la Iglesia Católica acerca de esta forma de oración:

---

1 Por reconsagrar o reconsagración entendemos renovar la consagración que ya se hizo en otra oportunidad. También en la historia y en la práctica de la Iglesia, cuando un templo o un altar ha sido profanado o ha estado abandonado por un tiempo, antes de volver a dedicarlo al uso sagrado es necesario reconsagrarlo. Un ejemplo de esto lo encontramos en el Mensaje del papa Juan Pablo II con motivo de la reconsagración de la Catedral de Minsk (Bielorrusia) el 15-10-1997.

*"La intercesión es una oración de petición que nos conforma muy de cerca con la oración de Jesús"*[2].

*"Interceder, pedir en favor de otro, es, desde Abraham, lo propio de un corazón conforme a la misericordia de Dios"*[3].

*"Las primeras comunidades cristianas vivieron intensamente esta forma de participación... La intercesión de los cristianos no conoce fronteras"*[4].

Al final del libro, presentamos varias oraciones de consagración para que cada uno discierna y elija aquella que le parezca más acorde a su necesidad o a la necesidad de la comunidad con la que recorrerá este camino hacia la consagración.

---

2   CIC 2634.
3   CIC 2635.
4   CIC 2636.

# Frutos que surgirán de este libro

*"Los destiné para que vayan y den fruto, y ese fruto sea duradero"*

(Juan 15, 16).

Tanto el padre Gustavo como yo (padre Diego) tenemos la confianza en que el leer y orar con este libro ayudará a caminar durante treinta y tres días de la mano de la Virgen María, y a disponer el corazón para recibir un sinfín de bendiciones.

Además, serán treinta y tres días para recordar y agradecer a Jesús por cada uno de los treinta y tres años que caminó como hombre sobre nuestra tierra, pidiéndole que renueve en medio de su pueblo las gracias que como hijos de Dios estamos precisando.

Serán treinta y tres días para orar junto a María –quien pisó la cabeza de la serpiente– reclamando la liberación de todo mal, a fin de que la luz de Dios disipe cualquier oscuridad que esté ensombreciendo la vida de quienes formamos parte de la Iglesia; así como también la mente de los gobernantes y de los poderosos de esta tierra; y para que Dios ilumine y transforme cada corazón y cada rincón que necesite de su divina y luminosa presencia.

Serán treinta y tres días para –junto a María– elevar a Dios una armoniosa oración de alabanza y bendición, a fin de que sus bendiciones se derramen –como suave rocío–[5] sobre la Iglesia, sobre nuestro país y sobre el mundo entero, tal como nos lo recuerda el Catecismo de la Iglesia Católica cuando habla acerca de la oración de bendición:

"Dos formas fundamentales expresan este movimiento: o bien la oración asciende llevada por el Espíritu Santo, por medio de Cristo hacia el Padre (nosotros lo bendecimos por habernos bendecido); o bien implora la gracia del Espíritu Santo que, por medio de Cristo, desciende de junto al Padre (es él quien nos bendice)"[6].

Y, finalmente, serán treinta y tres días para peregrinar espiritualmente a Medjugorje –sin movernos de casa–, a fin de recibir las caricias de la Madre de Dios, como si estuviéramos allí presente.

---

[5] El tema de la bendición ha sido profundizado en los siguientes libros del padre Jamut: *Visítanos, Señor. 30 Oraciones para poner en práctica la bendición del Señor*, Editorial Minuto de Dios. *Rocío de bendiciones, Rosario de Bendiciones y 365 bendiciones para ti y tu familia*, Editorial San Pablo.

[6] Número 2627.

# Liberación de fuerzas malignas

*"Dios nos libró del poder
de las tinieblas"*

(Colosenses 1, 13).

Al orar con este libro, invitamos a pensar en grande, con la nobleza de los hombres y mujeres que depositan su confianza plena en Dios para que, al comprender mejor lo que haremos durante treinta y tres días, formemos parte activa de esta inmensa red de intercesores que estaremos dirigiendo –cada uno desde su casa o su comunidad– una poderosa corriente de amor y de fe para que la mano de Dios toque las mentes y los corazones de los habitantes de esta tierra, liberándonos –como ya dijimos anteriormente– de toda confusión u oscuridad, y ayudándonos a abrirnos cada vez más a las bendiciones de Dios, para que de este modo se puedan cumplir los planes de María para la humanidad, como suele repetir en varios de sus mensajes: "¡Queridos hijos! También hoy hay gozo en mi corazón. Deseo agradecerles por hacer que mi plan sea realizable"[7].

Leamos y oremos cada día con el corazón, con la confianza de que, mientras lo hacemos, le estaremos restando poder a Satanás, pues estaremos enviando a los án-

---

[7] Mensaje, 25 de junio de 2004.

geles a que lleven adelante y hasta la victoria esta batalla espiritual, porque no debemos olvidar que, como afirma el apóstol san Pablo: "Nuestra lucha no es contra enemigos de carne y sangre, sino contra los Principados y Potestades, contra los Soberanos de este mundo de tinieblas, contra los espíritus del mal que habitan en el espacio"[8].

Y Nuestra Señora nos recuerda: "¡Queridos hijos! Satanás es muy fuerte y con todo su poder quiere destruir mis planes que he comenzado a realizar con ustedes. Ustedes oren, solo oren y no dejen de hacerlo ni siquiera un instante. Yo rogaré a mi Hijo para que se realicen todos los planes que yo he comenzado. ¡Sean pacientes y perseverantes en la oración! Y no permitan que Satanás los debilite"[9].

Por eso, oremos a lo largo de estos treinta y tres días con la confianza de que sucederán cosas maravillosas, gracias a la oración de los miles de hombres y mujeres que en diferentes puntos de la tierra estaremos –junto a María, a los santos y los ángeles de Dios– entretejiendo esta inmensa red de intercesores[10].

---

[8] Efesios 6, 12.
[9] Mensaje, 14 de enero de 1985.
[10] El tema de la oración de liberación y del combate espiritual ha sido profundizado por los autores en el libro *Cómo cerrar las puertas a las fuerzas del mal*, Editorial San Pablo.

# Como utilizar el libro

*"Feliz quien sigue al Señor
y va por sus caminos"*

(Salmo 1, 1).

Cuando nosotros dos comenzamos primero con los audios y luego con la redacción de este libro, teníamos el objetivo de que el 25 de junio de cada año pudiésemos renovar la consagración de la propia vida a Dios a través de la Virgen María, medianera de todas las gracias.

El primer borrador de este escrito fue confeccionado para ser utilizado por los seminaristas, consagrados, jóvenes en discernimiento en nuestra comunidad y también por los laicos que en diversos países forman los cenáculos de la Comunidad Evangelizadora Mensajeros de la Paz. Por medio de este material, ellos eran –y son– invitados a recorrer este camino hacia la consagración.

Sin embargo, al poco tiempo, ese texto trascendió los límites de nuestra comunidad y empezó a ser usado por otras personas y grupos, quienes descubrieron que podían emplearlo en cualquier momento del año y aplicar incluso la finalización y la consagración en alguna otra festividad de la Virgen Santísima.

Por lo tanto, el comienzo de estos ejercicios espirituales de intercesión puede ser el 23 de mayo[11] y finalizar el 24 de junio para celebrar, al día siguiente, 25 de junio –cada uno desde su comunidad, grupo o parroquia–, la festividad de la Reina de la Paz.

Este caminar de treinta y tres días puede realizarse de manera personal, en familia o en comunidad; incluso como un modo de evangelización en la parroquia.

Independientemente de la modalidad que se elija, quienes recorran este camino de treinta y tres días, experimentarán, con toda seguridad, un proceso de renovación espiritual y de sanación progresiva.

La estructura de cada día contiene una oración inicial, a la que le sigue un texto bíblico para meditar, un mensaje de la Reina de la Paz y una reflexión, la cual tiene una extensión diferente cada día. Esta reflexión les servirá a muchos de los lectores para acrecentar –como católicos– la formación integral y así saber dar respuestas a diversas cuestiones de nuestra fe. Sobre todo puede servir para llevar a cabo un retiro espiritual en la vida cotidiana, sin dejar de cumplir las labores diarias, pero tomando cada día una hora para seguir el camino de oración de treinta y tres días, que, por el poder del Espíritu Santo, transformará y renovará nuestra manera de pensar, de sentir y de vivir.

---

11  De manera muy providencial es el aniversario de ordenación sacerdotal del padre Gustavo.

> *A todos mis hijos que se consagren a su Madre les digo: Mi corazón recibe gozoso esa entrega, ese amor que ofrecen porque son almas que se salvan de las garras del mal mereciendo la Gloria Eterna, la Gloria del Señor. Amén. Amén.*
>
> *Que esto sea meditado, quiera Dios iluminar sus espíritus para que lleguen a comprender el valor de la consagración*
>
> (Mensaje de la Santísima Virgen)[12].

---

12 *Mensaje 275 de la Santísima Virgen, Nuestra Señora del Rosario de San Nicolás, del 7-9-1984.*

## 1° Día: "Abriendo puertas"
# Preparación para consagrarse a Dios con la intercesión de la Reina de la Paz

### Oración inicial para cada día

*Santísima Trinidad, Padre, Hijo y Espíritu Santo,
tu luz me envuelve y me protege;
a la vez que el amor de la Reina de la Paz me rodea.
Tu luz, Señor, guía mis pasos en este día,
y con su resplandor echas fuera
las tinieblas de mi alma,
de mi familia, de la Iglesia y cada rincón
de mi país y de toda la tierra.
Madre de Jesús y Madre nuestra,
nos unimos a ti en oración de intercesión,
pidiendo a Dios que disipe
hasta la más espesa oscuridad
para que ya no regrese –ni siquiera–
la más pequeña sombra de mal. Amén.*

### Texto bíblico para meditar. Lucas 11, 36

*Si toda tu persona se abre a la luz y no queda en ella ninguna parte oscura, llegará a ser radiante como bajo los destellos de la lámpara.*

## Del Mensaje de la Reina de la Paz del 25 de julio de 2018

*¡Queridos hijos! Dios me ha llamado para guiarlos a él porque él es su fortaleza. Por eso, los invito a orarle y a confiar en él... y que los mandamientos de Dios sean luz en su camino. Yo estoy con ustedes y los amo a todos con mi amor maternal. Gracias por haber respondido a mi llamado.*

## Reflexión de hoy: "Abramos las puertas a la luz de Dios"

Porque dice el Señor: "Si toda tu persona se abre a la luz y no queda en ella ninguna parte oscura" y porque la Reina de la Paz nos exhorta en su mensaje: "sean luz en su camino".

Es que tanto Jesús como la Virgen Santísima, Reina de la Paz, nos conocen bien a cada uno de nosotros. Ellos saben que, en ocasiones bastante frecuentes, no somos transparentes y que nos mentimos hasta a nosotros mismos. De esa manera, le decimos a Dios que le entregamos nuestra vida vieja para recibir en cambio la vida nueva que él quiere darnos, pero, en realidad, son muy pocos los que le entregan todo. Casi siempre tendemos a quedarnos con algo.

Por ejemplo:
- Quizás le entregamos nuestro servicio solidario, sin embargo, no le entregamos el deseo oculto de recibir en cambio agradecimiento y reconocimiento de parte de los demás.

- Tal vez le entregamos la soberbia que hay en nosotros y hasta le rogamos que nos conceda la virtud de la humildad, pero que por favor no nos toquen el ego, el cual sigue quedando como centro de nuestro vivir cotidiano.
- A lo mejor le entregamos nuestra ofrenda, pero no con el desprendimiento y la generosidad necesarios para permitirle al Señor que nos bendiga con mayor prosperidad y abundancia.
- Puede ser que le entregamos nuestro tiempo en las tareas de la parroquia, siempre y cuando sean las tareas que nos gusta realizar a nosotros y en el momento en que nos resulte cómodo.
- Le entregamos nuestra envidia, pero no toda…
- Le entregamos nuestra lengua, pero seguimos hablando mal de los demás…
- Le entregamos nuestras manos, pero seguimos cometiendo actos impuros, robando o siendo agresivos…

Y otros ejemplos de esta clase podrían ocupar páginas y páginas. Por eso, Jesús remarca la necesidad de abrir toda la persona a su luz, de manera que no quede en nosotros nada a oscuras; lo cual quiere decir que nuestra vida es como una casa en la cual hay muchas habitaciones.

Tomando este modelo de la casa en sentido analógico o como semejanza, podríamos señalar que, en algunas de las habitaciones de esta vivienda interior, el Señor ya ha podido entrar para limpiar, cambiar algunas cosas de lugar, abrir puertas y ventanas, a fin de ventilar el ambiente y permitir que ingrese el aire puro y nuevo de su Espíritu.

De esas habitaciones ya le hemos entregado las llaves, ya le pertenecen. Son las moradas donde el Señor se siente a gusto, pues su amor ilumina hasta el último rincón.

Sin embargo, él no se contenta con habitar solo en una parte de nuestra casa, de nuestra vida. Él es exigente y nos está pidiendo la llave de "esa habitación" que aún está cerrada con candado y doble cerrojo.

Jesús, que recorre junto a nosotros la casa de nuestra vida, de nuestra historia, de nuestro pasado, de nuestro presente y que quiere guiarnos hacia un futuro pleno de bendiciones y luz, se detiene frente a esa puerta cerrada y nos dice que no seguirá adelante mientras que no tomemos la decisión de abrirle esa puerta.

Él siente que, de esa parte de nuestra casa, de nuestra vida, sale un feo olor con el cual se nos hace difícil seguir viviendo.

## ¿Qué puede haber detrás de esa puerta tan sólidamente cerrada?

- Quizá sea un rencor hacia alguna persona a la cual aún no hemos perdonado. Por lo cual, se desprende el olor nauseabundo del resentimiento.
- Quizá sea un recuerdo doloroso de algo que nos ha sucedido en el pasado y que hemos guardado sin nunca habérselo entregado a él en oración. Por eso, la llaga sigue abierta y despide ese hedor.
- Quizá sea un pecado con el cual nos hemos acostumbrado a vivir. Tal vez nos decimos a nosotros mismos: "No es tan grave...", mientras que, en el fon-

do de nuestro corazón, sentimos el susurro de la voz de Dios que nos ofrece ahora la gracia de liberarnos de esa atadura, de esa adicción.

Para que la consagración sea efectiva y abra las puertas de bendición para nuestra vida, para nuestra familia, para la Iglesia y para el mundo entero, recordemos siempre que Jesús está de pie a la puerta de cada una de las áreas de nuestra vida, esperando que lo invitemos a entrar y le demos poder y autoridad para transformar todo lo que necesita ser cambiado.

El Señor permanece de pie delante de esa puerta, percibiendo el mal olor, sabiendo también de qué se trata, pero esperando que nos dispongamos a abrirle para expulsar así, con el poder de su luz, cualquier demonio, para cegar a cualquier enemigo que nos esté haciendo daño, para abrir las ventanas de nuestra vida dejando entrar el aire puro del amanecer y transformar ese rincón oscuro del corazón en un jardín brillante, florido y luminoso.

Él tiene suficiente poder como para abrir la puerta por sí mismo, pero, como respeta nuestra libertad, no lo hace sin nuestro consentimiento, por eso, nos anima a entregarle la llave.

No siempre entenderemos desde nuestros razonamientos el motivo por el cual la Reina de la Paz y Dios nos piden que les entreguemos "algo", por qué nos insisten en que les abramos esas puertas; pero no olvidemos que **la clave no está en entender, sino en creerles a ellos y en tener fe en Dios**. No solo su Palabra, sino también la misma experiencia nos enseñan que, si abrimos una puerta a su luz, él traerá nuevas bendiciones, que ni siquiera somos capaces de imaginar o predecir.

### Oración final para cada día

*Padre del cielo, en nombre de tu Hijo Jesucristo*
*y por la intercesión de María Reina de la Paz,*
*pongo en tus manos a todos tus hijos*
*que habitamos esta tierra,*
*especialmente a los más necesitados*
*de tener una experiencia de tu amor*
*y de tu divina misericordia. Que así sea.*

### Bendición final

*Que en este día nos bendiga Dios, que es Padre, Hijo*
*y Espíritu Santo. Amén.*

---

*La Virgen nos ayuda a crecer humanamente y en la fe, a ser fuertes y a no ceder a la tentación de ser hombres y cristianos de una manera superficial, sino a vivir con responsabilidad, a tender cada vez más hacia lo alto*

(Papa Francisco).

## 2° Día: "Iluminar"
# Preparación para consagrarse a Dios con la intercesión de la Reina de la Paz

### Oración inicial para cada día
*Santísima Trinidad, Padre, Hijo y Espíritu Santo,*
*tu luz me envuelve y me protege;*
*a la vez que el amor de la Reina de la Paz me rodea.*
*Tu luz, Señor, guía mis pasos en este día,*
*y con su resplandor echas fuera*
*las tinieblas de mi alma,*
*de mi familia, de la Iglesia y cada rincón*
*de mi país y de toda la tierra.*
*Madre de Jesús y Madre nuestra,*
*nos unimos a ti en oración de intercesión,*
*pidiendo a Dios que disipe*
*hasta la más espesa oscuridad*
*para que ya no regrese –ni siquiera–*
*la más pequeña sombra de mal. Amén.*

### Texto bíblico para meditar. Mateo 5, 14-16
*Ustedes son la luz del mundo. No se puede ocultar una ciudad situada en la cima de una montaña. Y no se enciende una lámpara para meterla debajo de un cajón, sino que se la pone sobre el candelero para*

*que ilumine a todos los que están en la casa. Así debe brillar ante los ojos de los hombres la luz que hay en ustedes, a fin de que ellos vean sus buenas obras y glorifiquen al Padre que está en el cielo.*

## Del Mensaje de la Reina de la Paz del 2 de diciembre de 2018

*Apóstoles de mi amor, que sus corazones, con la oración y el sacrificio, sean iluminados por el amor y la luz de mi Hijo. Que esa luz y ese amor iluminen a todos los que encuentren y los hagan regresar a mi Hijo.*

## Reflexión de hoy: "Compartamos con todos la luz que hay en nosotros"

Nuestro Señor Jesucristo y Nuestra Madre, Reina de la Paz, nos invitan a ser conscientes y a valorar el don de la presencia de Dios que mora en nosotros con su luz, y que de este modo nos permite ser apóstoles del amor y de la luz que proceden del cielo para iluminar a otros.

Sin embargo, cuantas veces no valoramos todo lo que hemos recibido –y recibimos a diario– de parte del Señor. Hay quienes viven sin advertir y tomar conciencia de cuanto han crecido con el correr del tiempo y como en ellos se han desarrollado la presencia y la luz de Dios. Otros no llegan a reconocer que están colmados de carismas y talentos.

Esto puede originarse por diversos motivos:
- Heridas en la autoestima que imposibilitan ver toda la luz que hay en ellos y que podrían irradiar a los demás.
- Temores y miedos que generan inseguridad y bloqueos de diversa índole.
- Orden invertido de los valores y no poner en primer lugar la luz de Dios y la misión de llevarla a otros.
- Vergüenza del qué dirán los otros, de las bromas, por estar demasiado apegado a la propia imagen.
- Apatía temperamental o pereza como vicio capital.
- Tentación diabólica que obnubila a la persona con el fin de que no llegue a tomar conciencia de la autoridad espiritual que puede tener como hijo o hija de Dios.

Si estamos tapando la lámpara con el cajón de los miedos y de las justificaciones; si estamos escondiendo la luz de Dios por miedo a que se rían de nosotros o que nos juzguen de fanáticos; si encontramos dificultad en levantar en alto la lámpara del testimonio de la propia vida, entonces es momento de que nos decidamos, pues no podemos seguir así. El Señor nos está llamando a sacudirnos de encima la mediocridad y todo aquello que oscurece la luz que hay en nosotros.

Hagan, pues, que brille su luz ante los hombres; que vean estas buenas obras. (Cf. Mt 5, 16)

## ¿Cómo hacer para que la luz de Dios brille en nosotros e ilumine a otros?

Una buena respuesta la encontramos en el apóstol Pablo cuando, en 1 Corintios 13, 4-7, enumera algunas de las características del amor. Ya que según la Palabra de Dios:

"Tú serás luz cuando, ante los contratiempos y las dificultades que encuentres cada día, demuestres el amor por medio de la virtud de la paciencia: en la forma de hablar, de obrar y hasta de mirar" (versículo 4a).

"Tú irradiarás la presencia del Señor cuando tengas una actitud atenta a lo que necesitan quienes viven o trabajan cerca de ti y seas servicial, respondiendo y ayudándolos en sus necesidades concretas" (versículo 4b).

"Tú contagiarás a otros el deseo de acercarse a la luz del Señor cuando, viendo las virtudes y los éxitos de quienes te rodean, no caigas en la tristeza que produce el vicio de la envidia; sino que, al contrario, te alegres como si tú mismo hubieses recibido el bien que han recibido los demás" (versículo 4c).

"Muchos querrán parecerse a ti y tener la luz que tú tendrás cuando, en tu manera de hablar y de actuar, seas libre de todo comportamiento presumido, engreído, pedante u orgulloso" (versículo 4d).

"Dios se valdrá de ti enormemente cuando no seas grosero, ni egoísta, ni te irrites, ni tomes en cuenta el mal que te puedan hacer" (versículo 5).

"Quienes te conocen y quienes te conocerán te mirarán con asombro y sentirán que a través de ti llegará a sus vidas la fuerza transformadora de Dios. Y esto sucederá especialmente cuando vean que no te dejas llevar por la corriente de lo que hace la mayoría, pues diariamente renuevas la decisión de actuar como una persona misericordiosa, pero justa; alguien que no se alegra de la injusticia; te harás creíble para ellos por ser alguien que no miente, sino que te alegras de la verdad" (versículo 6).

"En definitiva, levantar en alto la lámpara de Dios es iluminar por medio del amor, el cual también tiene como características que todo lo disculpa, todo lo cree, todo lo espera, todo lo soporta" (versículo 7).

Cuando levantemos bien en alto la luz de esa lámpara, nada ni nadie la podrán apagar y, por ello, muchos darán gloria al Padre que está en los cielos.

## Una anécdota para meditar

Recuerdo que cuando era niño tenía en la mesita de luz, junto a mi cama, una pequeña imagen de san Cayetano, la cual estaba hecha de un plástico blanco con un matiz ligeramente verdoso.

Me asombraba lo que sucedía cada noche, pues, al apagar la luz del velador, la imagen del santo brillaba en la oscuridad.

Yo aún no comprendía que esa clase de material plástico absorbía los rayos de luz. Lo que sí notaba era que, con el pasar de los minutos, si no volvía a encender la lámpara, esa luminosidad comenzaba a menguar.

Entonces encendía nuevamente la lamparilla del velador y, cuanto más acercaba la pequeña imagen de san Cayetano al calor de la lámpara, más rápido se saturaba de la luminosidad; y, al apagar de nuevo la luz, su resplandor se tornaba aún más intenso. Y de ese modo me terminaba quedando dormido, pues esa pequeña luz que emanaba de la imagen me hacía sentir acompañado.

Pienso que algo semejante nos sucede con todas esas características del amor, de las cuales nos habla san Pablo. Cuando nos acercamos a Cristo, él nos colma de su luz y, cuanto más nos unimos a él y a su Madre, por medio del santo Rosario, por la reflexión, la conversión del pensamiento y del corazón, entonces cada vez nos llenamos más de su luz y aumenta en nosotros el deseo de seguir creciendo y de levantar en alto –como una lámpara– la luz de Dios y de María, poniendo al servicio de nuestros hermanos la irradiación que nos concede Dios.

Por lo tanto, recordemos que, para ser apóstoles del amor –como nos pide la Reina de la Paz– y para iluminar a otros, no podemos estar lejos de su presencia, pues, cuando a nuestro alrededor la oscuridad es muy intensa y duradera, entonces gradualmente notaremos una disminución en la luz de las virtudes que Dios ha puesto en nosotros y comprenderemos que es necesario "recargar las pilas espirituales" y "reencender el fuego".

## Oración final para cada día

*Padre del cielo, en nombre de tu Hijo Jesucristo
y por la intercesión de María Reina de la Paz,
pongo en tus manos a todos tus hijos
que habitamos esta tierra,
especialmente a los más necesitados
de tener una experiencia de tu amor
y de tu divina misericordia. Que así sea.*

## Bendición final

*Que en este día nos bendiga Dios, que es Padre, Hijo
y Espíritu Santo. Amén.*

> *Nos has dado a tu Madre como nuestra para que nos enseñe a meditar y adorar en el corazón. Ella, recibiendo la Palabra y poniéndola en práctica, se hizo la más perfecta Madre*
>
> (San Juan Pablo II).

## 3° Día: "María nos abraza con amor"
# Preparación para consagrarse a Dios con la intercesión de la Reina de la Paz

### Oración inicial para cada día
*Santísima Trinidad, Padre, Hijo y Espíritu Santo,
tu luz me envuelve y me protege;
a la vez que el amor de la Reina de la Paz me rodea.
Tu luz, Señor, guía mis pasos en este día,
y con su resplandor echas fuera
las tinieblas de mi alma,
de mi familia, de la Iglesia y cada rincón
de mi país y de toda la tierra.
Madre de Jesús y Madre nuestra,
nos unimos a ti en oración de intercesión,
pidiendo a Dios que disipe
hasta la más espesa oscuridad
para que ya no regrese –ni siquiera–
la más pequeña sombra de mal. Amén.*

### Texto bíblico para meditar. Job 15, 24
*Se acerca el día sin luz, ansiedad y angustia lo vienen a asaltar.*

## Del Mensaje de la Reina de la Paz del 2 de septiembre de 2018

*Queridos hijos, mis palabras son simples, pero llenas de amor maternal y preocupación. Hijos míos, sobre ustedes se ciernen cada vez más las sombras de las tinieblas y del engaño, y yo los llamo hacia la luz y la verdad, yo los llamo hacia mi Hijo. Solo él puede convertir la desesperación y el dolor en paz y serenidad, solo él puede dar esperanza en los dolores más profundos.*

## Reflexión de hoy: "La Reina de la Paz nos ilumina para que nos amemos y valoremos a nosotros mismos"

El texto bíblico con el que se abre la meditación de este día evidentemente contiene un tinte negativo y pesimista; pues ese era el estado anímico de Job, quien, por los sufrimientos y los hechos dolorosos de la vida, se había derrumbado, sintiendo que había perdido toda la autoestima que había tenido hasta ese momento. Esta es también la situación emocional de muchos hombres y mujeres que están cerca de nosotros.

Y el mensaje de la Reina de la Paz sobre el cual meditamos en este día también habla de tinieblas y de dolor; pero lo hace desde la clave de la esperanza, que nos impulsa a confiar en que Jesús ejerce el poder para cambiar lo malo en bueno, la oscuridad en luz.

Precisamente durante los días en que escribí esta meditación, estaba predicando en la Catedral de la ciudad de

San Carlos de Bariloche unas jornadas sobre el amor de Dios, el cual tiene el poder para sanar en nosotros la autoestima y la autoimagen.

En esa ocasión, estando yo alojado en el obispado de la ciudad y mirando a través de una ventana que daba a un barrio cercano, reflexionaba sobre lo siguiente: del mismo modo en que un cristal limpio de una ventana deja pasar la luz y permite ver a través de él todo lo que lo rodea, cuando la imagen que tenemos de nosotros mismos es limpia y sana, podemos vernos a nosotros mismos con los ojos tiernos del Señor y de María para amarnos y valorarnos como ellos nos aman y nos valoran.

En cambio, cuando en nuestras vidas han prevalecido los fracasos, reales o aparentes –y no los hemos superado–, la visión que tenemos de nosotros mismos, de los demás y de quienes nos rodean, tiende a ser como un cristal opaco que nos quita la visibilidad y la luz, por lo cual no podemos disfrutar de la novedad de cada día y de todo aquello que Dios tiene para brindarnos.

Por ello –la Reina de la Paz–, comienza la mayoría de sus mensajes acariciando nuestros corazones con sus palabras cada vez que nos llama "queridos hijos".

Ella nos conduce desde la oscuridad y la desesperación hasta la luz y la esperanza como si fuésemos niños pequeños que, al estar asustados, somos tomados de la mano; y lo hace con palabras simples, pero llenas de amor maternal y preocupación. De este modo, nos ayuda a valorarnos más a nosotros mismos, a confiar en el poder del Espíritu Santo y en las capacidades que Dios nos ha concedido para que podamos convertir la desesperación y el dolor en paz y serenidad.

El objetivo de este día en nuestro camino hacia la consagración –y de este tiempo de oración– es pedir la intercesión de la Virgen Santísima para que Dios nos conceda una nueva efusión de su amor paterno, por medio del cual él puede y quiere sanar nuestro corazón restaurando la imagen de nosotros mismos y fortaleciendo nuestra autoestima.

Por lo tanto, tomémonos un tiempo para imaginar que estamos de pie o postrados delante de la Reina de la Paz para hablar con ella y con Dios sobre lo siguiente:

## ¿Qué palabras o conversaciones negativas nos han perjudicado en alguna de las etapas de nuestra vida?

- Aquí podríamos orar pidiéndole a Nuestra Madre y a Dios ser sanados en la memoria auditiva de todas aquellas palabras que nos han herido: criticas, insultos, acusaciones, burlas, malas noticias, etc.
- Roguemos a Nuestra Madre y a Dios Padre que pongan sus benditas manos sobre nuestros oídos, y los liberen de esas palabras que aún resuenan en la memoria y que nos impiden tener una equilibrada imagen y autoestima, como la que Dios quiere para nosotros.
- También podemos reflexionar acerca de las pesadillas recurrentes que nos angustian y roban la paz, o de las imágenes dolorosas que vienen con frecuen-

cia a nuestra mente y nos perturban e impiden realizar con energía y entusiasmo las actividades diarias y desarrollar un proyecto de vida.

Pidamos a Nuestra Madre y a Dios Padre que pongan sus benditas manos sobre nuestra frente y que nos liberen de todo pensamiento opresivo.

Hay quienes viven cada uno de sus días sin esperanza, como si caminaran en la oscuridad; sin ganas de vivir, sin entusiasmo. Se sobresaltan por cualquier cosa y la ansiedad, como una corriente eléctrica continua, recorre todo su organismo. Ellos están sobreviviendo y ya no saben lo que es sonreír. Incluso cuando lo intentan, la sonrisa en sus labios se percibe como una mueca, pues los músculos del rostro están conectados a la opresión que padecen en el corazón.

A todos ellos, la Reina de la Paz quiere devolverles la sonrisa a través de cada uno de nosotros, ya que podemos ayudarlos con el poder del amor y de la oración.

Si conocemos a alguna persona que esté inmersa en esta oscuridad, pensemos en ella, recordemos su rostro e invitemos a Jesús y a la Reina de la Paz a que se le acerquen, que la abracen, que la rodeen e inunden con su luz para disipar toda la oscuridad y sufrimiento que se han concentrado en su corazón y su cuerpo a lo largo de los años.

## Oración final para cada día

*Padre del cielo, en nombre de tu Hijo Jesucristo
y por la intercesión de María Reina de la Paz,
pongo en tus manos a todos tus hijos
que habitamos esta tierra,
especialmente a los más necesitados
de tener una experiencia de tu amor
y de tu divina misericordia. Que así sea.*

## Bendición final

*Que en este día nos bendiga Dios, que es Padre, Hijo
y Espíritu Santo. Amén.*

---

*María fue bienaventurada porque, antes de dar a luz a su maestro, lo llevó en su seno. María es dichosa también porque escuchó la Palabra de Dios y la cumplió; llevó en su seno el Cuerpo de Cristo, pero más aún guardó en su mente la verdad de Cristo*

(San Agustín de Hipona).

## 4° Día: "Reflejo de la luz"
# Preparación para consagrarse a Dios con la intercesión de la Reina de la Paz

## Oración inicial para cada día

*Santísima Trinidad, Padre, Hijo y Espíritu Santo,
tu luz me envuelve y me protege;
a la vez que el amor de la Reina de la Paz me rodea.
Tu luz, Señor, guía mis pasos en este día,
y con su resplandor echas fuera
las tinieblas de mi alma,
de mi familia, de la Iglesia y cada rincón
de mi país y de toda la tierra.
Madre de Jesús y Madre nuestra,
nos unimos a ti en oración de intercesión,
pidiendo a Dios que disipe
hasta la más espesa oscuridad
para que ya no regrese –ni siquiera–
la más pequeña sombra de mal. Amén.*

## Texto bíblico para meditar. 2 Corintios 3, 17-18

*El Señor es espíritu, y donde está el Espíritu del Señor hay libertad.
Todos llevamos los reflejos de la gloria del Señor sobre nuestro rostro descubierto, cada día con mayor*

*resplandor, y nos vamos transformando en imagen suya, pues él es el Señor del espíritu.*

## Del Mensaje de la Reina de la Paz del 2 de abril de 2017

*Queridos hijos, apóstoles de mi amor, está en ustedes difundir el amor de mi Hijo a todos aquellos que no lo han conocido; está en ustedes, pequeñas luces del mundo, a las que yo con amor maternal les enseño a brillar con claridad en todo su esplendor. La oración los ayudará, porque la oración los salva a ustedes, la oración salva el mundo.*

## Reflexión de hoy: "Resplandecer cada día un poco más"

Observemos la gran similitud que existe entre las palabras que san Pablo le dirige a los corintios y las palabras que en este mensaje la Reina de la Paz nos dirige a cada uno de nosotros, invitándonos a ser luz y a irradiar la presencia de Dios en el mundo.

Efectivamente, tanto la Palabra de Dios –por medio de este versículo– como también la Virgen María, a través de su mensaje, son invitaciones del Señor para examinarnos a nosotros mismos y descubrir si reflejamos su luz en todos los espacios de la sociedad donde interactuamos con otras personas.

La reflexión de este día debe impulsarnos a consagrar a Dios por medio de la Reina de la Paz: nuestros ojos, nuestro modo de pensar de los demás, las miradas que les dirigimos y, especialmente, las sonrisas que regalamos a las personas que están a nuestro lado, las palabras que les decimos y la capacidad de escucharlas. Esta es una manera concreta y sencilla de evangelizar y de transmitir la luz de Dios y de María.

Posiblemente, cuando san Pablo escribió estos versículos, lo hizo teniendo presente las ocasiones en que Moisés oraba y salía de la oración con su rostro radiante. Y es que Moisés albergaba en su corazón el anhelo de vivir sumergido en la presencia de Dios, buscando en todo su santa voluntad, la cual transforma el alma y hasta el rostro de quien la ansía de verdad.

Cada vez que, por medio de la adoración, nos sumergimos en el amor de Dios, él nos va transformando por su presencia iluminadora, quien nos baña con sus rayos para que, como dice la Reina de la Paz, seamos su "pequeña luz en el mundo".

Además, ¡qué reconfortante es saber que Dios nos protege como si estuviésemos en el hueco de sus manos!; él impide que las tormentas de la vida nos derriben, nos cubre con su santa presencia y nos envía a la Virgen María, a fin de que nada ni nadie nos hagan daño, ni nos arrebaten todas las bendiciones que quiere derramar cada día en nuestras vidas.

Así como en la oración hecha con el corazón podemos experimentar las caricias suaves y sanadoras de las manos de la Virgen María; también en la adoración experimentamos las caricias fortalecedoras de las manos del Señor, que son firmes como roca; y, cuando descansamos entre ellas, no debemos temer nada, pues él mismo cuida de nosotros.

## Para orar con el corazón:
- Imaginamos ahora esa mano del Señor grande y firme como roca, pero a la vez suave y blanda como espuma...
- Nos contemplamos a nosotros mismos, como si fuésemos un bebé concebido hace apenas cuatro o seis meses, descansando en la palma de esa divina mano.
- Nos contemplamos también cuando éramos tan pequeños que podíamos descansar entre las manos de la Virgen Madre.
- Nos dejamos impregnar de la sensación de seguridad y protección que nos brindan las manos del Señor y de María.
- Percibimos como con su calidez nos liberan del frío que desde hace tiempo se escondía en algunos rincones de nuestra mente y corazón.
- Nos sentimos seguros y disfrutamos de esa nueva sensación de seguridad que el Espíritu de Dios nos confiere, pues esas manos irradian luz y nos sanan de las inseguridades que arrastramos en nuestra vida.
- Permitimos que la luz de Dios y de María nos vayan transformando en personas nuevas y fuertes... no con una fortaleza creada por uno mismo, lo cual sería solo una cáscara frágil; sino con la fuerza serena e inamovible que nos confiere la certeza de que

tenemos como refugio permanente la diestra del Altísimo.

Por medio de las palabras de san Pablo y del mensaje de la Reina de la Paz que meditamos en este día, Dios nos recuerda que, después de cada encuentro con él, nuestro interior y todo nuestro ser aumentarán en luminosidad.

Cada vez que –por medio de un espíritu de alabanza y de adoración– nos sumergimos con nuestras debilidades y miserias en el insondable amor de Dios, quedamos transformados en rayos de su luz, pues él nos transfigura para que, al salir de nuestras "tiendas de oración" o al bajar de nuestros "montes Tabor", podamos reflejar su imagen a todos aquellos hermanos y hermanas nuestros que tienen necesidad de luz, guía y orientación.

## Oración final para cada día

*Padre del cielo, en nombre de tu Hijo Jesucristo*
*y por la intercesión de María Reina de la Paz,*
*pongo en tus manos a todos tus hijos*
*que habitamos esta tierra,*
*especialmente a los más necesitados*
*de tener una experiencia de tu amor*
*y de tu divina misericordia. Que así sea.*

## Bendición final

*Que en este día nos bendiga Dios, que es Padre, Hijo y Espíritu Santo. Amén.*

---

*Queridos hermanos: María es la mamá que nos dona la salud en el crecimiento para afrontar y superar los problemas, en hacernos libres para las opciones definitivas*

(Papa Francisco).

## 5° Día: "Crecimiento"
# Preparación para consagrarse a Dios con la intercesión de la Reina de la Paz

**Oración inicial para cada día**
*Santísima Trinidad, Padre, Hijo y Espíritu Santo,
tu luz me envuelve y me protege;
a la vez que el amor de la Reina de la Paz me rodea.
Tu luz, Señor, guía mis pasos en este día,
y con su resplandor echas fuera
las tinieblas de mi alma,
de mi familia, de la Iglesia y cada rincón
de mi país y de toda la tierra.
Madre de Jesús y Madre nuestra,
nos unimos a ti en oración de intercesión,
pidiendo a Dios que disipe
hasta la más espesa oscuridad
para que ya no regrese –ni siquiera–
la más pequeña sombra de mal. Amén.*

**Texto bíblico para meditar.** Job 8, 16
*A la luz del sol crecía vigoroso y con sus ramas cubría el jardín.*

## Del Mensaje de la Reina de la Paz del 14 de marzo de 1985

*¡Queridos hijos! En sus vidas, todos ustedes han experimentado momentos de luz y de tinieblas. Dios concede a cada hombre reconocer el bien y el mal. Yo los invito a llevar la luz a todos los hombres que viven en tinieblas. Cada día llegan a sus casas personas que están en tinieblas. Queridos hijos, denles ustedes la luz. ¡Gracias por haber respondido a mi llamado!*

## Reflexión de hoy: "La luz de Dios nos ayuda a crecer"

Tanto la cita bíblica de este día como el mensaje de la Reina de la Paz nos hablan no solo de la luz, sino también de las sombras, e incluso hasta de las tinieblas. Reflexionemos acerca de esto.

La primera frase del versículo de Job, "A la luz del sol crecía vigoroso…", me lleva a recordar el lento y difícil crecimiento que tiene una planta cuando nace a la sombra de un árbol, cuya copa y follaje son muy densos.

Esa planta o arbusto que crece a la sombra del árbol presenta mucha dificultad para desarrollarse plenamente, pues los rayos del sol casi no pueden llegar hasta donde ella se encuentra plantada.

Asimismo, es posible que el árbol absorba gran cantidad de la humedad y de los nutrientes de la tierra, por lo cual la –ya frágil– planta también sufrirá carencias que le impedirán la floración y fructificación.

Algo semejante puede sucedernos cuando permitimos que se interpongan impedimentos o barreras entre la luz de Dios y nuestro ser, como son el pecado y cualquier comportamiento negativo.

Solamente la sombra del Señor y del manto de la Virgen nos da refugio, seguridad y nos trae vida en abundancia, como dice la Biblia: "Guárdame como a la niña de tus ojos, escóndeme a la sombra de tus alas" (Salmo 17, 8); "En ti se refugia el alma mía; a la sombra de tus alas me cobijo hasta que haya pasado la tormenta" (Salmo 57, 2).

Por el contrario, cuando la sombra no procede ni de Dios ni de María, es sombra de miseria y de muerte, como lo afirma el salmista: "Habitaban en la sombra y en tinieblas, atenazados por la miseria..." (Salmo 107, 10).

En algunas personas, la luz de Dios no puede llegar a ellas en su totalidad porque prefieren situarse a la sombra de otras personas en quienes depositan su seguridad. Entonces, en lugar de ponerse al amparo del Altísimo, optan por mantener la fe en las criaturas.

Otros viven a la sombra de algún apego o adicción. Adicción a una persona, al juego, a la bebida, a la pornografía, a la ira, al victimismo, al resentimiento, al fracaso, a la propia imagen, al trabajo compulsivo, a la pereza, etc.

Cualquiera de esas adicciones (que quizás racionalizamos como una manera de justificarlas), mientras no sea removida de la propia vida, seguirá creando un obstáculo para que la luz divina llene de vigor a esa persona.

Además, esas ataduras absorberán todas nuestras energías, por lo cual, nuestra salud integral no podrá desarrollarse plenamente.

Es necesario entonces que nos decidamos a mirarnos a nosotros mismos con serena objetividad y reflexionar si nuestra vida espiritual y emocional está creciendo vigorosa…, y, si no es así, deberíamos preguntarnos con sinceridad: ¿Qué es lo que está impidiendo este desarrollo pleno?

Sinceramente pienso que nuestra vida aquí en la tierra es muy corta y pasa fugazmente como para vivirla sin dar frutos dulces y duraderos a nuestro alrededor; por lo tanto, resulta una necedad trocar la paz y la alegría verdaderas por cualquier adicción o apego, sobre todo si sabemos, como creyentes, que Dios nos ofrece la luz de su gracia para ayudarnos a ser libres de esas sombras.

Cuando a los videntes de Medjugorje les preguntaron cómo era la Virgen, todos coincidieron en resaltar su belleza y especialmente su luminosidad.

Por eso, ante la oscuridad que pudimos haber permitido que creciera en nuestros corazones, no hay que desfallecer. La luz que nos trae la Reina de la Paz es más fuerte que las sombras que han anidado en los rincones de nuestro ser.

Si abrimos con sinceridad las ventanas de nuestras almas a Nuestra Madre y a su Hijo, ellos ingresarán con la misma pureza de los primeros rayos de sol del amanecer para iluminarnos, liberarnos y revitalizarnos.

La segunda parte del versículo de Job sobre el cual me interesa reflexionar es "... con sus ramas cubría el jardín".

La paradoja de esta imagen sobre la luz y la sombra es que, cuando nos llenamos de la luz de Dios, crecemos lo suficiente para poder proyectar una sombra que ya no es nociva, sino que será benéfica, pues servirá de descanso temporal a los cansados y fatigados, para luego animarlos a que busquen tanto la luz salvífica de Dios como su sombra protectora.

Es el camino de crecimiento de la fe que propone Jesús cuando nos recuerda que el Reino de Dios ya está entre nosotros y en nosotros, y que es semejante a una semilla de mostaza; y que, "al sembrarla, es la más pequeña de todas las semillas que se echan en la tierra, pero, una vez sembrada, crece y se hace más grande que todas las plantas del jardín y sus ramas se hacen tan grandes que los pájaros del cielo buscan refugio bajo su sombra" (Marcos 4, 30-32).

Que María, Reina de la Paz, interceda por nosotros para que podamos ser para todos nuestros hermanos comunicadores de la luz de Dios; y que a la vez descubran que, a la sombra del Altísimo, recuperan las fuerzas, las ganas de vivir y la verdadera alegría.

## Oración final para cada día

*Padre del cielo, en nombre de tu Hijo Jesucristo
y por la intercesión de María Reina de la Paz,
pongo en tus manos a todos tus hijos
que habitamos esta tierra,
especialmente a los más necesitados
de tener una experiencia de tu amor
y de tu divina misericordia. Que así sea.*

## Bendición final

*Que en este día nos bendiga Dios, que es Padre, Hijo
y Espíritu Santo. Amén.*

---

*Toda la existencia de María es un himno a la vida, un himno de amor a la vida: ha generado a Jesús en la carne y ha acompañado el nacimiento de la Iglesia en el Calvario y en el Cenáculo*

(Papa Francisco).

## 6° Día: "Plenitud"
# Preparación para consagrarse a Dios con la intercesión de la Reina de la Paz

## Oración inicial para cada día
*Santísima Trinidad, Padre, Hijo y Espíritu Santo,
tu luz me envuelve y me protege;
a la vez que el amor de la Reina de la Paz me rodea.
Tu luz, Señor, guía mis pasos en este día,
y con su resplandor echas fuera
las tinieblas de mi alma,
de mi familia, de la Iglesia y cada rincón
de mi país y de toda la tierra.
Madre de Jesús y Madre nuestra,
nos unimos a ti en oración de intercesión,
pidiendo a Dios que disipe
hasta la más espesa oscuridad
para que ya no regrese –ni siquiera–
la más pequeña sombra de mal. Amén.*

## Texto bíblico para meditar. Génesis 1, 3-5
*Entonces Dios dijo: "Que exista la luz". Y la luz existió. Dios vio que la luz era buena, y separó la luz de las tinieblas; y llamó Día a la luz y Noche a las tinieblas. Así hubo una tarde y una mañana: este fue el primer día.*

## Del Mensaje de la Reina de la Paz del 6 de junio de 1986

*¡Queridos hijos! Hoy los invito a decidirse si desean vivir los mensajes que yo les estoy dando. Deseo que sean activos en vivir y comunicar mis mensajes. De modo particular, queridos hijos, deseo que todos ustedes sean un reflejo de Jesús que ilumine este mundo infiel que camina en tinieblas. Deseo que todos sean luz para otros y que den testimonio de la luz. Queridos hijos, ustedes no han sido llamados a las tinieblas sino a la luz; por tanto, vivan la luz con sus vidas. ¡Gracias por haber respondido a mi llamado!*

## Reflexión de hoy: "Llenémonos cada día de la luz de Dios"

A continuación, meditaremos y oraremos con la ayuda de cada uno de los versículos del texto de Génesis 1, y permitiendo que el texto bíblico sea iluminado por el mensaje de la Reina de la Paz.

## Versículo 3: "Entonces Dios dijo: 'Que exista la luz'. Y la luz existió"

- Repitamos este versículo todas las veces que sintamos que es necesario hacerlo. La Palabra de Dios va realizando lo que ella misma contiene; a la vez que nosotros podremos ser –como nos enseña la Virgen– "un reflejo de Jesús que ilumine este mundo que camina en tinieblas".

Dios está ahora junto a nosotros y en nosotros tiene el poder de hacer que exista la luz donde actualmente hay oscuridad. Abramos con sinceridad las áreas de nuestra vida en las que precisamos que entre su luz y, durante estos treinta y tres días de preparación a la consagración, fortalezcamos esta red de intercesores que claman a Dios pidiendo liberación de toda fuerza de mal.

- Cerremos los ojos e imaginemos como todo nuestro interior se va colmando de la luminosidad que surge del amor de Dios y del Inmaculado Corazón de María. Sintamos como esa luz que procede del cielo crea y recrea todo aquello que necesita ser renovado, haciendo nuevas todas las cosas, incluso todo lo que hay en cada uno de nosotros.

**Versículo 4: "Dios vio que la luz era buena"**

Hay quienes, a causa de algunas heridas no sanadas, aún no han descubierto la bondad y la belleza que poseen. Hay quienes, por más que realicen obras buenas, no creen que puedan ser buenas personas. Hay quienes siempre se sienten en deuda o con culpabilidad, y no llegan a gozar de la bondad de Dios que existe en ellos. Hay quienes, cada vez que comienzan a recibir bendiciones de parte de Dios, consideran que no son dignos y hacen, incluso sin darse cuenta, algo para echar a perder lo bueno que recibieron en la vida del parte del Señor.

- Por eso, recordemos que la Reina de la Paz sabe cuánto valemos y confía en nosotros a tal punto que

su mensaje de hoy en día nos invita a ser "luz para otros y que den testimonio de la luz".
- Entonces dejemos que la buena y luminosa presencia del Señor y de su Madre nos inunde y nos sane.
- Digámosle algo así, pero que sea con las palabras de cada uno: "Amado Dios, tú que eres bueno, cólmame de tu bondad y ayúdame a percibirla en mí, de manera que sienta la alegría de irradiar bondad en pensamientos, palabras y acciones. Reina de la Paz, enséñame a amarme a mí mismo como tú me amas".
- Que la luz y la bondad de Dios nos ayuden a disfrutar de lo mejor que hay en nosotros y que nos colmen de paciencia, comprensión y amabilidad ante los errores de los demás.

## Versículo 5: "Este fue el primer día"

Quizás este es para alguien su primer día, en el que ha decidido comenzar un camino de mayor apertura mental y espiritual al Santo Espíritu de Dios y al amor maternal de la Virgen María.
- El Señor agrandará su deseo de entrar en su luz y de perseverar en el diario encuentro con Jesús y con su Madre.
- Pidámosle a Dios las gracias para que cada uno de los que estamos formando parte de esta red de intercesión de treinta y tres días seamos activos en vivir y comunicar los mensajes de la Reina del cielo.

## Oración final para cada día

*Padre del cielo, en nombre de tu Hijo Jesucristo
y por la intercesión de María Reina de la Paz,
pongo en tus manos a todos tus hijos
que habitamos esta tierra,
especialmente a los más necesitados
de tener una experiencia de tu amor
y de tu divina misericordia. Que así sea.*

## Bendición final

*Que en este día nos bendiga Dios, que es Padre, Hijo
y Espíritu Santo. Amén.*

---

*La grandeza de María reside en su humildad.
Jesús, quien vivió en estrechísimo contacto con
ella, parecía querer que nosotros aprendiéramos
de él y de ella una lección solamente: ser mansos y
humildes de corazón*

(Santa Teresa de Calcuta).

## 7° Día: "Envueltos por la luz"
# Preparación para consagrarse a Dios con la intercesión de la Reina de la Paz

### Oración inicial para cada día
*Santísima Trinidad, Padre, Hijo y Espíritu Santo,
tu luz me envuelve y me protege;
a la vez que el amor de la Reina de la Paz me rodea.
Tu luz, Señor, guía mis pasos en este día,
y con su resplandor echas fuera
las tinieblas de mi alma,
de mi familia, de la Iglesia y cada rincón
de mi país y de toda la tierra.
Madre de Jesús y Madre nuestra,
nos unimos a ti en oración de intercesión,
pidiendo a Dios que disipe
hasta la más espesa oscuridad
para que ya no regrese –ni siquiera–
la más pequeña sombra de mal. Amén.*

### Texto bíblico para meditar. 2 Corintios 4, 4-6
*(Hay quienes) se niegan a creer, porque el dios de este mundo los ha vuelto ciegos de entendimiento y no ven el resplandor del Evangelio glorioso de Cristo, que es imagen de Dios. No nos pregonamos*

*a nosotros mismos, sino que proclamamos a Cristo Jesús como Señor; y nosotros somos servidores de ustedes por Jesús. El mismo Dios que dijo: "Brille la luz en medio de las tinieblas", es el que se hizo luz en nuestros corazones, para que se irradie la gloria de Dios tal como brilla en el rostro de Cristo.*

## Del Mensaje de la Reina de la Paz del 18 de octubre de 1984

*¡Queridos hijos! Hoy los invito a leer cada día la Biblia en sus casas; colóquenla en un lugar bien visible, de modo que siempre los estimule a leerla y a orar. ¡Gracias por haber respondido a mi llamado!*

## Reflexión de hoy: "Dejémonos envolver por el resplandor del Evangelio"

En sus apariciones en Medjugorje, la Virgen Santísima nos ha dicho que todos tenemos un gigante como Goliat que quiere destruirnos. Este gigante es Satanás, quien, bajo el disfraz de amargura, catástrofe, destrucción, enfermedad, pecado, resentimiento, etc., pretende despojarnos de las bendiciones de Dios.

En algunos casos, daría la impresión de que las fuerzas son totalmente desproporcionadas y que la victoria va a ser del enemigo. Ante ciertas situaciones, hay quienes se sienten derrotados y sin fuerzas para seguir adelante o para volver a enfrentar las dificultades de la vida.

Sin embargo, la Reina de la Paz nos ha asegurado que, así como David venció al gigante Goliat con cinco piedras, también nosotros podemos ser más que vencedores valiéndonos de cinco regalos sencillos pero poderosos que Dios nos ha entregado.

Quizás hasta ahora algunos no sabían que existían estas cinco piedritas defensivas y ofensivas, por lo tanto, no las han usado.

Tal vez otros hermanos las han utilizado de manera errática e inconstante; mientras que otras personas han tratado de vencer las dificultades y los ataques con sus solas y frágiles fuerzas humanas. Pero, como habremos experimentado varias veces, esto es imposible, pues nuestro combate no es contra fuerzas humanas. Como dice el apóstol Pablo: "Lleven con ustedes todas las armas de Dios para que puedan resistir las maniobras del diablo. Pues no nos estamos enfrentando a fuerzas humanas, sino a los poderes y autoridades que dirigen este mundo y sus fuerzas oscuras, los espíritus y fuerzas malas del mundo de arriba. Por eso, pónganse la armadura de Dios, para que en el día malo puedan resistir y mantenerse en la fila valiéndose de todas sus armas" (Efesios 6, 11-13).

Estas son las cinco piedras o mensajes esenciales para ser vencedores:
1. La oración del rosario hecha con el corazón.
2. La eucaristía frecuente.
3. La lectura diaria de la Biblia.
4. El ayuno.
5. La confesión mensual.

Aquí meditaremos sobre la importancia del 3° punto (la tercera piedra): la lectura de la Biblia y particularmente sobre la lectura y meditación de los evangelios.

La Biblia es, sin lugar a dudas, uno de los tesoros más grandes de la humanidad. Ella no es creación simplemente humana, sino que es creación primera de Dios-Amor, quien por su intermedio nos ofrece un medio vivo y poderoso para orientarnos y enseñarnos a vivir: "En efecto, la palabra de Dios es viva y eficaz, más penetrante que espada de doble filo, y penetra hasta donde se dividen el alma y el espíritu, los huesos y los tuétanos, haciendo un discernimiento de los deseos y los pensamientos más íntimos" (Hebreos 4, 12).

Y en este tesoro, entre las joyas más valiosas, encontramos los cuatro evangelios.

Tengo la impresión de que, en estos tiempos actuales, la lectura frecuente de los evangelios nos es mucho más necesaria de lo que en tiempos anteriores pudo haberlo sido para nuestros padres y abuelos, como un medio, no solo para encontrarnos con Jesús vivo, sino también como un don de Dios para conservar la paz y la salud integral. ¿Y por qué?

Porque la palabra evangelio, en griego εὐαγγέλιον (ángelos), significa mensajero, enviado o representante; y (eu) es un prefijo que añade calidad, bondad, plenitud. De lo cual se deriva que dicha palabra significa: "Mensajero que trae bondad". Pero también puede traducirse como "Buena Noticia".

Pues bien, si consideramos que en la actualidad, a través de los medios de comunicación masivos, nos llegan tantas malas noticias, entonces podremos comprender la necesidad que tenemos de la Buena Noticia como el antídoto concreto y correcto que nos ofrece el Señor.

Analicemos por un momento esta situación. Estamos en la era de la globalización y casi al instante nos enteramos de cualquier tipo de catástrofe que acontece en cualquier punto del globo.

Además, al estar la sociedad saturada de las malas noticias que nos llegan incesantemente por medio de la radio, la televisión, los periódicos, las redes sociales e internet, nos encontramos con que todo esto va entrando en el santuario de nuestra mente, corazón y cuerpo hasta saturar nuestra capacidad de soportar tantas catástrofes y dolores humanos, haciéndonos sentir desbordados y siendo fuente de angustia y desesperanza.

A esto se suma que hay personas que son particularmente sensibles a lo que sucede, sea en su entorno cercano como también a la distancia, y todo esto lo internalizan tan profundamente que, por cada dolor o catástrofe que sienten como propia, se entristecen, se deprimen y hasta se enferman. Tanto dolor y tanto mal, no hay ninguna mente ni cuerpo que lo pueda soportar.

Si a esto añadimos que que la información no siempre es exacta en todos los datos y que muchísimos de sus transmisores no han tenido una experiencia liberadora de Dios, entonces cualquier mala noticia cae sobre la psiquis como un bloque de cemento armado de quinientas toneladas.

En los últimos años, conocí a varias personas que han sentido la inspiración de hacer mayor ayuno de noticias, cambiando ese tiempo por un tiempo de lectura del Evangelio, es decir, de buenas noticias, o intercalando la información de lo sucedido con la lectura de la Palabra de Dios y la práctica de la oración de intercesión. De ese modo, la información no queda reducida solo a eso, sino que se convierte en un modo activo de transformar los males de la sociedad por medio del poder de la oración.

## Ejercicio de oración

A continuación, propongo un sencillo ejercicio de oración.

- Accedemos a un diario digital o tomamos un periódico impreso y una Biblia.
- Luego colocamos la Biblia sobre el periódico y le pedimos a Dios espontáneamente, con las palabras que broten del corazón, que toda la bendición contenida en su Palabra entre como una Buena Noticia liberadora en todas aquellas personas cuyos nombres y situaciones de vida aparecen allí redactados. Nosotros no los conocemos a todos, pero el Señor y su Madre sí los conocen y los aman. Ellos sufren con sus dolores y les duele el pecado que azota y destruye a sus hijos, el cual está impreso o escrito allí, pero también ha sido grabado con sangre.

- Le pedimos al Señor que la sangre que él derramó en la cruz libere a todos los que son cautivos del pecado, de la angustia y les conceda la luz de la salvación.
- Le pedimos a la Reina de la Paz que con su amor materno se abra camino hasta sus corazones, a fin de que lleguen a conocer la Buena Noticia que les trasmite la Palabra de Dios.

## Oración final para cada día

*Padre del cielo, en nombre de tu Hijo Jesucristo*
*y por la intercesión de María Reina de la Paz,*
*pongo en tus manos a todos tus hijos*
*que habitamos esta tierra,*
*especialmente a los más necesitados*
*de tener una experiencia de tu amor*
*y de tu divina misericordia. Que así sea.*

## Bendición final

*Que en este día te bendiga Dios, que es Padre, Hijo y Espíritu Santo. Amén.*

*Nuestro camino de fe está unido de manera indisoluble a María desde el momento en que Jesús, muriendo en la cruz, nos la ha dado como Madre diciendo: "He ahí a tu madre" (Juan 19, 27)*

*(Papa Francisco).*

## 8° Día: "Protección"
# Preparación para consagrarse a Dios con la intercesión de la Reina de la Paz

## Oración inicial para cada día
*Santísima Trinidad, Padre, Hijo y Espíritu Santo,
tu luz me envuelve y me protege;
a la vez que el amor de la Reina de la Paz me rodea.
Tu luz, Señor, guía mis pasos en este día,
y con su resplandor echas fuera
las tinieblas de mi alma,
de mi familia, de la Iglesia y cada rincón
de mi país y de toda la tierra.
Madre de Jesús y Madre nuestra,
nos unimos a ti en oración de intercesión,
pidiendo a Dios que disipe
hasta la más espesa oscuridad
para que ya no regrese –ni siquiera–
la más pequeña sombra de mal. Amén.*

## Texto bíblico para meditar. Hebreos 10, 32
*Recuerden aquellos primeros tiempos, poco después de haber sido iluminados, en que tuvieron que soportar un duro y doloroso combate.*

## Del Mensaje de la Reina de la Paz del 2 de agosto de 2017

*Cuanto más amor den tanto más recibirán; el amor surgido del Amor ilumina el mundo; la redención es amor y el amor no tiene fin. Cuando mi Hijo venga de nuevo a la Tierra buscará el amor en sus corazones.*

## Reflexión de hoy: "La luz de Dios nos protege en el combate"

Al tomar conciencia de que estamos viviendo un nuevo día, único e irrepetible, experimentemos el gozo de que es un regalo de Dios para nosotros; y pensemos que ningún otro puede vivir estas horas como las vive cada uno. Por eso, respiremos profundo, casi como si quisiéramos respirar el nuevo día, y pidámosle al Espíritu sanador de Dios en nosotros que restaure nuestra energía y vitalidad, y, a la Reina de la Paz, que nos inunde con su amor.

Al tomar conciencia de que perseveramos orando cada día con el corazón —como nos enseña Nuestra Señora—, podremos ir notando, como ante la presencia de Dios, la mente se tranquiliza, el cuerpo se relaja, el corazón se llena del gozo al saber que el Espíritu de Dios está activo en nosotros.

Sintiendo aún más tranquilidad en cada momento, descansemos en la poderosa y constante presencia de Aquel que tanto nos ama que se ha hecho una morada en nuestro ser y continúa enviando a su Madre para traernos consuelo del cielo y enseñarnos cómo vivir.

El versículo de la carta a los Hebreos, mencionado este día, nos dice: "Recuerden aquellos primeros tiempos, poco después de haber sido iluminados".

Pero ¿qué son aquellos primeros tiempos?

Esta frase se refiere a ese momento de nuestras vidas en el cual experimentamos por primera vez la cercanía de Dios o cuando comenzamos a darnos cuenta del amor tan grande que María tiene por cada hombre y mujer de esta tierra, especialmente por sus hijos predilectos, los sacerdotes.

Quizás, hasta ese momento (lo que la carta a los Hebreos llama "los primeros tiempos"), sabíamos intelectualmente muchas cosas sobre Dios y sobre la Virgen, sobre la Biblia, la teología, la religión, las diversas apariciones marianas... Pero hubo un momento clave en nuestras vidas en que algo sucedió, y entonces ya no solo supimos, sino que también –y sobre todo– "sentimos", "experimentamos", "gustamos" la presencia de Dios y su acción en nuestro espíritu, lo cual nos trajo una luz nueva de nosotros mismos y de los demás.

Quizás, para algunas de las personas que están recorriendo estos treinta y tres días y que meditan estas reflexiones, ese momento clave aún no ha llegado.

Pero para otros, puede ser que todavía no hayan vivido la experiencia de intimidad con el amor de Dios y de María porque nunca han participado en una peregrinación en la cual se los ayuda a orar con el corazón, o porque no han realizado un seminario de vida, un retiro o una celebración donde se orara sobre ellos y se pidiera en intercesión que pudiesen recibir una poderosa efusión del Espíritu Santo.

A lo mejor ese "momento clave" aún no ha llegado a causa de que no quieren entregar el control de sus vidas a Dios, por lo cual no le abren las puertas del corazón de par en par; o quizás el motivo simplemente es que Dios ve que aún no ha llegado la hora.

Sin embargo, cada uno puede acelerar esa hora de un modo semejante a como lo hizo María en Caná de Galilea, con su dulce insistencia y firmeza de fe en que su Hijo podía obrar milagros (Cf Juan 2, 5).

Si aún no se ha tenido ese encuentro personal, profundo y duradero con el Señor, entonces se puede acelerar ese momento diciéndole algo así como: "Ven a mí, Señor, ven con tu fuego, ven con tu luz. Hoy te acepto como mi Señor y Salvador. Yo, tu pequeño hijo o pequeña hija, quiero renovar el sacramento del bautismo y te pido ser bautizado con el poder de tu Santo Espíritu". Y repitiendo insistentemente esta oración u otra semejante.

Pero, si ya se vivimos esa experiencia del toque de Dios y descubrimos el amor tierno y fiel de la Gospa, entonces podemos preguntarnos: ¿Cómo alimentamos ese amor, esa intimidad con Dios y con María?

Desde ese momento del primer encuentro con Dios y con María, o desde esa ocasión en que peregrinamos a Medjugorje hasta el presente: ¿Hemos alimentado esa luz de Dios en nosotros? O, por el contrario, se pueden aplicar a nuestra vida las palabras del Apocalipsis: "Conozco tus obras, tus dificultades y tu perseverancia. Sé que no puedes tolerar a los malos y que pusiste a prueba a los que se llaman a sí mismos apóstoles y los hallaste mentirosos. Tampoco te falta la constancia y has sufrido por mi nombre sin desanimarte, pero tengo algo en contra tuya, y es que has perdido tu amor del principio. Date cuenta, pues, de dónde has caído, recupérate y vuelve a lo que antes sabías hacer..." (Apocalipsis 2, 2-5).

El siguiente versículo de la carta a los Hebreos menciona: "...tuvieron que soportar un duro y doloroso combate".

Ahora bien, yo no sé dónde se origina esa ingenuidad que tienen muchos católicos que piensan que ya no enfrentarán más dificultades en la vida y que todo será caminar por un jardín de rosas sin espinas, a partir del momento en que participan de una fervorosa peregrinación y cuando, inmersos en una profunda espiritualidad, comienzan a experimentar el amor de Dios.

La Palabra de Dios y la experiencia de vida de los verdaderos creyentes nos señalan que el combate y las luchas contra el mal estarán presentes a lo largo de esta vida.

No obstante, muchos de esos combates se atenuarían y pasarían más rápido si cada mañana nos pusiéramos bajo la protección de Dios, de María y de los ángeles, e invocáramos el poder protector de la bendita sangre de Jesús.

En la tercera aparición de la Virgen María en Lourdes, la Madre de Jesús le dice a Bernardita: "No te prometo la felicidad de este mundo, sino la del otro". Y es que todos somos testigos de que existe el mundo de la violencia, de la opresión, de la mentira, de la sensualidad, del propio interés, de la guerra. Pero también existe el mundo de la solidaridad, de la justicia, de la disponibilidad, del servicio y del amor. Este último es el mundo que con sus mensajes nos enseña a construir la Reina de la Paz.

Lamentablemente, los dos mundos conviven en esta tierra. Y, como si fuera poco, muchas de estas realidades combaten en el interior de nuestros propios corazones y en los corazones de las personas que amamos.

Jesús nos advierte y alienta: "En el mundo tendrán aflicción, pero no teman, yo he vencido al mundo" (Juan 16, 33).

Cuando Jesús en el Evangelio nos invita a abrirnos a su luz para descubrir el Reino de los Cielos, nos invita a experimentarlo desde este mundo en que vivimos, tal como es. Donde hay amor allí está Dios.

Tener la experiencia de Dios y de María no es más que tener la experiencia del Amor aquí en este mundo. A quien descubre esto va dirigida la alabanza de Jesús: "No estás lejos del Reino de Dios" (Marcos 12, 34); que es como afirmar: "Has sabido descubrir aquí abajo esa luz que procede del Reino de Dios y has puesto los cimientos de tu vida sobre ese divino Amor".

Bernardita, en medio de los combates de la vida, fue siempre profundamente feliz aquí abajo porque se sintió rodeada de la luz de Dios, nosotros también podemos vivir esa experiencia.

## Oración final para cada día

*Padre del cielo, en nombre de tu Hijo Jesucristo
y por la intercesión de María Reina de la Paz,
pongo en tus manos a todos tus hijos
que habitamos esta tierra,
especialmente a los más necesitados
de tener una experiencia de tu amor
y de tu divina misericordia. Que así sea.*

## Bendición final

*Que en este día nos bendiga Dios, que es Padre, Hijo
y Espíritu Santo. Amén.*

---

*Cuando pasas ante una imagen de la Virgen
puedes decir: Te saludo, María.
Saluda a Jesús de mi parte*

(San Pío de Pietrelcina).

## 9° Día: "Caminar en la luz"
# Preparación para consagrarse a Dios con la intercesión de la Reina de la Paz

### Oración inicial para cada día
*Santísima Trinidad, Padre, Hijo y Espíritu Santo,*
*tu luz me envuelve y me protege;*
*a la vez que el amor de la Reina de la Paz me rodea.*
*Tu luz, Señor, guía mis pasos en este día,*
*y con su resplandor echas fuera*
*las tinieblas de mi alma,*
*de mi familia, de la Iglesia y cada rincón*
*de mi país y de toda la tierra.*
*Madre de Jesús y Madre nuestra,*
*nos unimos a ti en oración de intercesión,*
*pidiendo a Dios que disipe*
*hasta la más espesa oscuridad*
*para que ya no regrese –ni siquiera–*
*la más pequeña sombra de mal. Amén.*

### Texto bíblico para meditar. Job 22, 28
*Si te propones algo, te saldrá bien, y sobre tus senderos brillará la luz.*

## Del Mensaje de la Reina de la Paz del 2 de junio de 2018

*Queridos hijos, los invito a que reciban mis palabras con sencillez de corazón, que como Madre les digo para que emprendan el camino de la luz plena, de la pureza, del amor único de mi Hijo, hombre y Dios. Una alegría, una luz que no se puede describir con palabras humanas, penetrará en sus almas y los envolverán la paz y el amor de mi Hijo... Sean ejemplo para todos aquellos que no van por el camino de la luz y del amor, o que se han desviado de él.*

## Reflexión de hoy: "Consagrando nuestros pasos a la luz de Dios y de María"[13]

El versículo de hoy comienza con una frase de aliento y esperanza: "Si te propones algo...".

Tomando conciencia de la presencia del Dios Altísimo que está en estos momentos en nosotros y de la gran red

---

[13] Recordar la importancia de quedarse en cada uno de estos puntos todo el tiempo que sea necesario. Se puede dividir este ejercicio en tres momentos: 1° Las actividades de la mañana; 2° Las de la tarde; 3° Las de la noche.
Otra posibilidad es practicar este ejercicio espiritual al revés, es decir, durante la noche, poniendo entre las manos del Señor y de la Virgen María lo que hayamos realizado durante la jornada, pidiéndoles perdón por cualquier expresión de infidelidad o rebeldía que podamos encontrar en nuestras acciones y dándoles gracias por todo lo bueno que con su luz nos ayudaron a conseguir. Sin embargo, mi opinión es que nos resultará de mayor utilidad hacer esta oración durante la mañana. Y, mejor aún, si se puede repetir dos veces: la primera vez a la mañana, repitiéndola a la inversa durante la noche.

de intercesores de la Reina de la Paz, podemos preguntarnos:

- ¿Qué tareas nos proponemos realizar a lo largo de este día?
- Entonces permitimos que cada una de las actividades que vamos a realizar a lo largo de la jornada emerja desde lo profundo de nuestra mente hacia la superficie... mientras tanto podemos imaginar la mano extendida de la Reina de la Paz, en la cual vamos depositando, una tras otra, las tareas que iremos cumpliendo, las personas con las que nos encontraremos, los lugares que recorreremos...
- Vamos poniendo todo eso entre las manos de Dios y de la Virgen.
- Después de poner cada una de esas actividades o personas entre las manos del Señor y de la Reina de la Paz, cerramos los ojos y pedimos a ellos que bendigan cada una de las tareas que debemos realizar y a aquellos con quienes nos vamos a encontrar.
- Imaginamos la luz que surge de las manos de la Virgen milagrosa y que envuelve cada uno de esos lugares, situaciones, encuentros y personas.
- Anhelamos y pedimos la sabiduría del Santo Espíritu para llevar adelante todo lo que el Señor nos manda en este día y para hacerlo a su manera.
- Permanecemos meditando, contemplando u orando en cada uno de esos momentos todo el tiempo que consideremos necesario.
- Respiramos lenta y profundamente, sintiendo como el aire de este nuevo día nos llena los pulmones.

- Nos abrimos a una mayor conciencia de lo bello que es estar vivo y de lo particularmente hermoso de nuestra vida. Más allá de las circunstancias por las que estamos atravesando… alabamos a Dios por ello. Por lo agradable, pero también porque en los momentos difíciles él estará a nuestro lado y porque sigue enviando a su Madre para guiarnos y darnos consuelo y fortaleza.
- Nos dejamos invadir por la luz y por la paz que Dios y María derraman desde Medjugorje, así como también desde tantos santuarios y lugares que están impregnados por la oración del pueblo de Dios.
- Somos criaturas, hijos o hijas de Dios, somos sagrados (as) porque le pertenecemos a él y en este día hemos sido llamados a sacralizar el mundo por medio de nuestras palabras, de nuestras actividades, de lo que debemos realizar.
- Elevamos las manos e imaginamos que las fuertes y suaves manos de Dios (o de la Virgen María) toman las nuestra y descansen entre las suyas, como las manitos de un niño descansan entre las cálidas manos de su mamá o de su papá, quienes las cubren de besos, seguridad y amor.
- Les hablamos espontáneamente…

Ahora meditamos otro versículo también de Job: "Hay otros que se rebelan contra la luz: no reconocen sus caminos ni se detienen en sus senderos" (Job 24, 13).

- Mientras les entregamos las manos y todos nuestros caminos a Dios y a su Madre, con nuestras palabras, les pedimos que nos protejan de causarnos daño…

es decir, de hablar o hacer cualquier cosa que vaya en contra del camino de luz que Dios nos ha indicado para este día. Y les pedimos que nos animen y alienten para que realicemos del mejor modo posible nuestras tareas.

- Les rogamos, si fuera el caso, que nos liberen de cualquier forma de rebeldía que se encuentre agazapada en el corazón y que quizás hemos enmascarado, aun sin darnos cuenta.
- Les preguntamos si hay algo que quieren que realicemos en este día y que no lo habíamos considerado… Quizá sea el simple pero importante hecho de prestar más atención a tal o cual persona, de ser más amables con alguien de la familia, del trabajo, etc.
- Proclamamos, en la seguridad de la fe, que este será un día lleno de la luz victoriosa que germina de la irradiación de Dios y del amor intercesor de la Reina de la Paz.
- Alabamos espontáneamente a Dios con las palabras o el cántico nuevo que mana de nosotros y permite nuevamente que la felicidad de estar vivo fluya, no solo por nuestro espíritu, sino incluso por cada célula del cuerpo, trayendo nueva fortaleza y sensación de bienestar.

## Oración final para cada día

*Padre del cielo, en nombre de tu Hijo Jesucristo
y por la intercesión de María Reina de la Paz,
pongo en tus manos a todos tus hijos
que habitamos esta tierra,
especialmente a los más necesitados
de tener una experiencia de tu amor
y de tu divina misericordia. Que así sea.*

## Bendición final

*Que en este día nos bendiga Dios, que es Padre, Hijo
y Espíritu Santo. Amén.*

> *La Virgen es la mamá que cuida a los hijos
> para que crezcan más y más, crezcan fuertes,
> capaces de asumir responsabilidades, de asumir
> compromisos en la vida, de tender hacia grandes
> ideales*
>
> (Papa Francisco).

## 10° Día: "Nuevo amanecer"
# Preparación para consagrarse a Dios con la intercesión de la Reina de la Paz

### Oración inicial para cada día
*Santísima Trinidad, Padre, Hijo y Espíritu Santo,*
*tu luz me envuelve y me protege;*
*a la vez que el amor de la Reina de la Paz me rodea.*
*Tu luz, Señor, guía mis pasos en este día,*
*y con su resplandor echas fuera*
*las tinieblas de mi alma,*
*de mi familia, de la Iglesia y cada rincón*
*de mi país y de toda la tierra.*
*Madre de Jesús y Madre nuestra,*
*nos unimos a ti en oración de intercesión,*
*pidiendo a Dios que disipe*
*hasta la más espesa oscuridad*
*para que ya no regrese –ni siquiera–*
*la más pequeña sombra de mal. Amén.*

### Texto bíblico para meditar. Salmo 37, 4-6
*Pon tu alegría en el Señor, él te dará lo que ansía tu corazón...*
*Encomienda al Señor tus empresas, confía en él que lo hará bien...*

*Hará brillar tus méritos como la luz y tus derechos como el sol del mediodía.*

## Del Mensaje de la Reina de la Paz del 25 de mayo de 1996

*¡Queridos hijos! Hoy deseo darles gracias por todas sus oraciones y sacrificios que han ofrecido en este mes consagrado a mí. Hijitos, deseo que todos ustedes también sean activos en este tiempo que, a través de mí, estén unidos al cielo de manera especial… Yo intercederé por ustedes y los ayudaré a ser luz. Ayuden a los demás, porque ayudándolos también su alma encontrará la salvación. ¡Gracias por haber respondido a mi llamado!*

## Reflexión de hoy: "La luz de un nuevo amanecer está llegando para nosotros"

En nuestro caminar hacia la consagración, comencemos este día meditando el imperativo con el que comienza el salmo 37, 4: "Pon tu alegría en el Señor…".

Para que la luz de Dios nos traiga un nuevo amanecer de bendiciones, necesitamos preguntarnos y respondernos con sinceridad: ¿En qué o en quien ponemos nuestra alegría?

Solo poniendo la alegría en quien debe ser el "socio mayoritario" de la empresa de nuestra vida alcanzaremos éxitos duraderos y felicidad. Y sabemos bien que ese socio es nada menos que Dios, nuestro creador, a la vez que debemos pedirle a la Virgen María que ocupe "la gerencia" o "la dirección general" de todo lo que haremos.

Por eso, volvemos a preguntarnos, pero ahora afinando aún más la sinceridad:
- ¿En qué o en quien ponemos nuestra alegría?
- ¿A quién colocamos como centro de nuestro pensar, sentir, hablar, vivir?

La meditación de la segunda parte del versículo: "Él te dará lo que ansió tu corazón" ayudará a conocer mejor lo que hay en cada uno de nosotros, por lo cual, podemos preguntarnos:
- ¿Cuáles son los anhelos más profundos de nuestra alma?
- ¿Cuáles son los deseos que hay en nuestro corazón?
- El Señor los mira, el Señor los ve; y la Reina de la Paz intercederá por ellos si son acordes con la voluntad de Dios.

Y, si se los presentamos con humildad y confianza en Dios, nos concederá todo lo bueno que anhelamos. Incluso cuando no le estemos pidiendo, el anhelo seguirá siendo una oración de clamor llevada por la Virgen María y los ángeles hasta la presencia de Dios.

También podemos meditar las siguientes palabras del salmo: "Encomienda al Señor tus empresas".

La palabra "empresas" no se refiere solo al orden económico y laboral, o al oficio que practicamos, sino que también comprende todos los ámbitos, relaciones y actividades de nuestra vida. Pues, por pequeña o insignificante que sea, cada acción que realizamos es como una piedra o un ladrillo que colocamos para ir armando nuestra vida y para ir forjando el futuro de nuestra familia y de la sociedad.

"Encomendar al Señor tus empresas" puede significar, por ejemplo, pedirle al Señor que guíe a alguien en su matrimonio, que lo ayude a ser más comprensivo con su cónyuge, a entender sus necesidades y a que él o ella entienda las suyas, a la vez que consagra a María todas esas áreas de su vida.

"Encomendar al Señor tus empresas" puede ser que los padres les pidan a Jesús y a su Madre que –junto con ellos– sean formadores y educadores de sus hijos.

"Encomendar al Señor tus empresas" puede aludir al hecho de entregarle al Señor y a Nuestra Señora lo que más nos preocupa; aquello que en algunos momentos nos desvela y también todo lo que ansía nuestro corazón.

"Encomendar al Señor tus empresas" implica reconocer que en algunas oportunidades hemos sido obstinados a tal punto que se nos podrían aplicar estas palabras de Dios: "Mis planes no son sus planes, sus caminos no son mis caminos" (Isaías 55, 8).

Por eso, ahora podemos preguntarnos:
- ¿Qué es aquello que aún no hemos puesto entre las manos del Señor y de la Virgen Santísima?

Imaginamos esas manos que se extienden y que reciben ese rostro, ese lugar, esa situación... Y contemplamos cómo la luz de Dios los baña con el fin de que su bendición les traiga un nuevo amanecer.

La afirmación del versículo del salmo: "Confía en él que lo hará bien" nos ayuda a reflexionar sobre lo siguiente:

Cuando decimos "un nuevo amanecer", nos referimos a nuevas respuestas, nuevas soluciones, nuevos caminos en los cuales anteriormente no habíamos reparado ni percibido, pues tal vez estábamos cegados por la angustia o tan solo por la preocupación. O quizás porque solo mirábamos con nuestros ojos. Si leemos con atención y meditamos en el corazón los mensajes de la Virgen Santísima, lo veremos todo con su mirada y percibiremos el aire puro y fresco que ellos pueden infundir en nuestra alma.

Al haber entregado a Dios nuestras empresas y al haber puesto en él la confianza, con la seguridad de que todo lo hará bien, entonces surgirán delante de nosotros las respuestas a todos los interrogantes, nos asombraremos al ver que se abren caminos en el "mar Rojo" de nuestra vida, y aquello que parecía imposible se hace posible, pues comienza a concretizarse fácilmente por la intervención divina.

Este es el momento para que le pidamos a Jesús que aumente en nosotros el don de la confianza, pues como recomienda la Palabra: "Busquen al Señor mientras está cerca" (Isaías 55, 6).

Ahora respiremos serena y profundamente, y contemplemos en nuestro interior a Jesús Resucitado que irradia su luz. Dejémonos inundar por el resplandor del Señor y pidámosle poder experimentar su presencia y su cercanía.

Dios, que bendice todo lo creado, desea iluminarnos con su presencia para concedernos un nuevo amanecer de bendiciones, las cuales nos resultarán necesarias para prosperar y crecer.

*En este momento sagrado, reconocemos a Dios dentro de nosotros...*
*Sintámoslo en nosotros...*
*Contemplémoslo obrando en nuestra vida...*
*Dándonos su paz.*

Con fe, acudamos a la Virgen María para todo lo que necesitemos. Ella quiere llenarnos de la esperanza y de la paz que proceden del cielo.

Digámosle a Dios con fe: "Señor, en lo más profundo de mi corazón, sé que tú me cuidas y que bendices todo lo que te presento en mi vida. Tú me das la seguridad de que tu amor y tu luz me guiarán y bendecirán en todas las tareas que debo realizar. Gracias por ser la fuente de mi bien, la fuente constante y amorosa de mi provisión".

Con agradecimiento, permanecemos un momento en oración silenciosa en la presencia de Dios y de María.

Al terminar este tiempo de oración, damos gracias a Jesús y a la Reina de la Paz por el despertar espiritual que realizan en nosotros y que están realizando en miles de personas en todo el mundo.

Seamos conscientes de que el Espíritu de Dios radiante habita en cada uno de nosotros y sigue obrando en nuestra vida.

## Oración final para cada día

*Padre del cielo, en nombre de tu Hijo Jesucristo
y por la intercesión de María Reina de la Paz,
pongo en tus manos a todos tus hijos
que habitamos esta tierra,
especialmente a los más necesitados
de tener una experiencia de tu amor
y de tu divina misericordia. Que así sea.*

## Bendición final

*Que en este día nos bendiga Dios, que es Padre, Hijo
y Espíritu Santo. Amén.*

---

*Gran cosa es lo que agrada a Nuestro Señor
cualquier servicio que se haga a su Madre*

(Santa Teresa de Jesús).

## 11° Día: "Sanar la curiosidad"
# Preparación para consagrarse a Dios con la intercesión de la Reina de la Paz

## Oración inicial para cada día

*Santísima Trinidad, Padre, Hijo y Espíritu Santo,*
*tu luz me envuelve y me protege;*
*a la vez que el amor de la Reina de la Paz me rodea.*
*Tu luz, Señor, guía mis pasos en este día,*
*y con su resplandor echas fuera*
*las tinieblas de mi alma,*
*de mi familia, de la Iglesia y cada rincón*
*de mi país y de toda la tierra.*
*Madre de Jesús y Madre nuestra,*
*nos unimos a ti en oración de intercesión,*
*pidiendo a Dios que disipe*
*hasta la más espesa oscuridad*
*para que ya no regrese –ni siquiera–*
*la más pequeña sombra de mal. Amén.*

## Texto bíblico para meditar. Job 28, 11-12

*(El hombre) Explora las fuentes de los ríos y saca a luz tesoros escondidos.*
*Pero la Sabiduría, ¿de dónde sale? ¿Y cuál es el lugar de la Inteligencia?*

## Del Mensaje de la Reina de la Paz del 25 de octubre de 1996

*¡Queridos hijos! Hoy los invito a abrirse a Dios el Creador, a fin de que él pueda transformarlos... A través de ustedes, yo deseo renovar el mundo. Comprendan, hijitos, que ustedes son la sal de la tierra y la luz del mundo... ¡Gracias por haber respondido a mi llamado!*

## Reflexión de hoy: "La luz de Dios nos revela los tesoros que hay en nosotros

Iniciamos nuestra reflexión de hoy meditando el primer versículo: "(El hombre) Explora las fuentes de los ríos y saca a luz tesoros escondidos".

La sana curiosidad es una tendencia interior del ser humano, puesta por Dios en nosotros a fin de que lo busquemos incesantemente a él y para que busquemos lo que nos ayude a desarrollar todo aquello que nos permita llevar un mejor estilo de vida. Como dice en su Palabra: "Él colmó a los hombres de saber y entendimiento, y les mostró el bien y el mal" (Eclesiástico 17, 7).

Sin embargo, el pecado original, heredado de nuestros primeros padres –y transmitido a lo largo de las generaciones– ha desordenado esta tendencia de la curiosidad, por lo cual hay quienes, en lugar de emplear esta herramienta para llenarse de la luz de Dios, progresar espiritualmente y en todas las dimensiones de la vida, recurren a la curiosidad enfermiza para inmiscuirse en la vida de otras personas y desperdician el tiempo y las energías en conocimientos que no sacian los niveles más profundos del corazón humano. Basta con pensar en la multiplicidad de revistas y periódicos, o de programas televisivos que se ocupan de la vida íntima de los personajes de la farándula, o de los pseudoinformativos que transforman el dolor humano en un circo, exponiendo a personas, que eran masivamente anónimas y que han sido sorprendidas por el infortunio.

Pidamos a Dios y la Reina de la Paz que –tanto nosotros como también todas las personas que trabajan en los medios de comunicación social– seamos colmados de su luz y que echen fuera de nosotros toda la oscuridad acumulada, quizás por años, por el mal uso que hayamos hecho de la curiosidad. "Sana Señor, mi curiosidad enferma, endereza la capacidad de crecer en la verdadera sabiduría, que pueda haberse desviado" (hagámoslo espontáneamente con nuestras palabras).

El Señor también nos enseña que "en sus manos estamos nosotros y nuestras palabras, y también todo el saber y la destreza para obrar" (Sabiduría 7, 16). Por lo cual, en este camino de preparación a la consagración, también le pediremos la gracia de crecer en la conciencia de las capacidades que él ha puesto en cada uno de nosotros; el poder descubrir cosas asombrosas de nuestras vidas; o incluso cosas maravillosas que él querrá mostrarnos de la vida de nuestros hermanos, para así elogiarlos y animarlos a desarrollar plenamente su potencial. (Hagámoslo espontáneamente con nuestras palabras).

Luego de leer las siguientes líneas y de haber reflexionado sobre ellas, cerramos los ojos y respiramos lo más profundamente que podamos, al menos tres veces.

A continuación, imaginamos a Jesús delante de nosotros. Podemos recordar el texto de 1 Corintios 3, 16: "¿No saben que ustedes son templo de Dios y que el Espíritu de Dios habita en ustedes?".

Contemplamos como nos mira y nos vamos centrando en su rostro..., en sus ojos..., en su mirada.... En el caso de ser demasiado racionalista y una bandada de pensamientos prejuiciosos vuelan por la mente, entonces se puede recordar las palabras del Señor en los labios del salmista "Fijos en ti mis ojos, yo seré tu consejero. Yo te instruiré, te enseñaré el camino que debes seguir" (Salmo 32, 8).

Para disipar los fantasmas de la distracción también pueden ayudar las palabras de santa Teresa de Ávila: "Trata, si estás solo, de tener compañía. Y ¿qué mejor compañía que la del mismo Maestro? Imagina al mismo Señor junto a ti". "Créeme, mientras puedas, no estés sin tan buen amigo. Si te acostumbras a pensar en él, no podrás estar sin él y no se alejará más de tu lado" [14].

Nos dejamos iluminar por la mirada del Señor todo el tiempo que sea necesario, sin tensión, descansando en su presencia... y, cuando sintamos el deseo de conversar con él, le preguntamos acerca de los tesoros aún escondidos que él ha puesto en nosotros.

---

14  Santa Teresa, *Camino de Perfección*, cap. 26

Finalizamos este momento de contemplación imaginando que ponemos el corazón en la mano extendida de la Reina de la Paz, mientras nos sumergimos en su mirada y en su sonrisa que, como un cálido manto, nos envuelven con su amor.

### Oración final para cada día

*Padre del cielo, en nombre de tu Hijo Jesucristo*
*y por la intercesión de María Reina de la Paz,*
*pongo en tus manos a todos tus hijos*
*que habitamos esta tierra,*
*especialmente a los más necesitados*
*de tener una experiencia de tu amor*
*y de tu divina misericordia. Que así sea.*

### Bendición final

*Que en este día nos bendiga Dios, que es Padre, Hijo y Espíritu Santo. Amén.*

> *María, haznos sentir tu mirada de madre, guíanos a tu Hijo, haz que no seamos cristianos de escaparate, sino de los que saben mancharse las manos para construir con tu Hijo Jesús su Reino de amor, de alegría y de paz*
>
> (Papa Francisco).

## 12° Día: "Salir de la neblina"
# Preparación para consagrarse a Dios con la intercesión de la Reina de la Paz

### Oración inicial para cada día
*Santísima Trinidad, Padre, Hijo y Espíritu Santo,
tu luz me envuelve y me protege;
a la vez que el amor de la Reina de la Paz me rodea.
Tu luz, Señor, guía mis pasos en este día,
y con su resplandor echas fuera
las tinieblas de mi alma,
de mi familia, de la Iglesia y cada rincón
de mi país y de toda la tierra.
Madre de Jesús y Madre nuestra,
nos unimos a ti en oración de intercesión,
pidiendo a Dios que disipe
hasta la más espesa oscuridad
para que ya no regrese –ni siquiera–
la más pequeña sombra de mal. Amén.*

### Texto bíblico para meditar. Lucas 1, 78-79
*Gracias a la misericordiosa ternura de nuestro Dios,
que nos traerá del cielo la visita del Sol naciente,
para iluminar a los que están en las tinieblas y en la*

*sombra de la muerte, y guiar nuestros pasos por el camino de la paz.*

## Del Mensaje de la Reina de la Paz del 18 de marzo de 1999

*¡Queridos hijos! Deseo que me entreguen sus corazones para conducirlos por el camino que lleva a la luz y a la vida eterna. No deseo que sus corazones se extravíen en la oscuridad del presente. Yo los ayudaré. Estaré con ustedes en ese camino de descubrimiento del amor y de la misericordia de Dios.*

## Reflexión de hoy: "Atravesando las oscuras nubes de la vida"

La Virgen María en el Magníficat proclama: "... nos visitará como el sol que nace de lo alto".

Casi todos los meses, debo viajar con alguno de los hermanos de comunidad para guiar algún retiro espiritual o para predicar en algún congreso de evangelización. Para ello debemos subirnos a un avión que nos llevará hacia algún lugar del país o a un punto remoto del mundo.

En más de una oportunidad, nos ha sucedido que, al dirigirnos hacia el aeropuerto para tomar un vuelo, veíamos que el cielo tenía un fuerte color plomizo, pues estaba cubierto de espesas nubes; y el clima lluvioso creaba una impresión lúgubre que alimentaba en muchas personas una sensación de melancolía.

Más tarde, una vez dentro del avión, uno se ajusta el cinturón de seguridad, y, al despegar el enorme "pájaro de metal", apunta su brillante nariz hacia las alturas, dirigiéndose directamente a ese cúmulo de nubes amenazantes, las cuales, en algunas ocasiones, hasta parecen estar a punto de explotar a causa de los truenos y los rayos que luchan en su interior, y por los torrentes de agua que se abaten sobre la tierra y sobre el avión.

En esos momentos, si uno no contase con los elementales conocimientos de aeronáutica, podría pensar que se vuela directo hacia la autoaniquilación. Y, aun sabiendo que todo irá bien, es muy grande la sensación de fragilidad que en esas situaciones se puede llegar a experimentar.

Luego, al atravesar las densas nubes –durante unos instantes–, una espesa oscuridad envuelve a la nave. Con excepción del sonido de los motores del avión, se puede sentir el silencio que invade todo, incluido el mutismo de quienes, pegados en las butacas, aguardamos que pasen esos minutos...

Y así, pues, cuando uno menos lo espera, es sorprendido por los rayos de luz que se abren camino a través de las ventanillas del aéreo, y entonces uno puede comenzar a observar tras el cristal un límpido cielo y un sol resplandeciente.

A partir de ese momento, la luz del sol inunda todo el interior y se refleja en los rostros de quienes viajando comenzamos a relajarnos y, de un modo casi automático y unánime, la mayoría de los pasajeros empezamos a respirar más profundamente y, después de habernos desabrochado el cinturón de seguridad, gradualmente nos vamos moviendo con normalidad.

Entonces uno comprende con cuánta rapidez puede cambiar aquello que nos rodea y advierte el poder relativo de las nubes y las tormentas.

Este mismo ejemplo puede servirnos para meditar sobre las tormentas de la vida. Todos transitamos, durante días, meses e incluso años, la más negra oscuridad, donde parece que las tormentas de la vida están a punto de desbaratar todo lo que hemos logrado construir: el matrimonio y la familia; el trabajo y el sostén económico; la comunidad eclesial y la tarea evangelizadora, etc. Esos momentos de turbación pueden ser una oportunidad para el crecimiento, la transformación y el renacimiento interior; además, nos puede resultar de gran ayuda traer a la memoria la imagen del avión atravesando la tormenta y recordar el refrán que dice que "cada vez que llovió, paró".

En medio de las turbulencias –sean familiares, eclesiales o de otra índole– de la vida, no debemos volvernos atrás ni querer escapar, sino que tenemos que aprender a observar las tormentas con la mirada y la valentía del "divino piloto", Jesucristo Nuestro Señor; entregándole a él el control y siguiendo sus indicaciones, pues él Espíritu Santo –desde lo profundo del silencio del corazón– nos dirá que no temamos, que está junto a nosotros y que su poder es más grande que el de las nubes y de las tormentas de la vida.

La Reina de la Paz, en sus mensajes, frecuentemente nos invita a confiar en Dios haciendo de nuestra parte todo aquello que nos toca hacer, pero confiando en que Dios es mucho más grande que los problemas de la vida y que la oscuridad del mundo: "Con mi Hijo, sus almas alcanzarán nobles metas y nunca se perderán. Aun en la mayor oscuridad encontrarán el camino" (Mensaje, 2 de enero de 2009, Aparición a Mirjana).

Si confiamos en Dios y en su Madre, y descansamos en sus brazos en los momentos de oscuridad, veremos como el sol volverá a brillar, y su intensidad será mayor que la que conocíamos antes de la tormenta. Como la lluvia limpia la atmósfera, si atravesamos las tormentas de la vida de la mano del Señor, entonces su Espíritu nos irá despojando de modos de pensar caducos y de sentimientos que nos impedían tener la vida abundante que Dios quiere para nosotros.

Imaginando que estamos delante de la Cruz Azul, a los pies del monte Podbro, lugar de aparición de Nuestra Madre, podemos preguntarnos lo siguiente:

- ¿Hay nubes de tormenta en el horizonte de nuestra vida?
- ¿Cuáles son?
- ¿Cómo reaccionamos en lo emocional y práctico (manera de comportarnos) ante esos nubarrones?
- ¿Le permitimos al Señor pilotear con nosotros los pensamientos, sentimientos y acontecimientos de la vida, o queremos, en cambio, despegar solos con nuestras propias fuerzas?
- ¿Llevamos exceso de peso (sentimientos, apegos, pensamientos, relaciones, comportamientos, actividades, etc.) que el Señor nos muestra que debemos abandonar o disminuir para poder "levantar vuelo" y de ese modo atravesar las nubes para encontrar la luz?

## Oración final para cada día
*Padre del cielo, en nombre de tu Hijo Jesucristo
y por la intercesión de María Reina de la Paz,
pongo en tus manos a todos tus hijos
que habitamos esta tierra,
especialmente a los más necesitados
de tener una experiencia de tu amor
y de tu divina misericordia. Que así sea.*

## Bendición final
*Que en este día nos bendiga Dios, que es Padre, Hijo
y Espíritu Santo. Amén.*

> *No temen tanto los soldados un numeroso ejército de enemigos, como teme el poder del infierno al oír el nombre de María*
>
> (San Buenaventura).

## 13° Día: "Desarrollo espiritual"
# Preparación para consagrarse a Dios con la intercesión de la Reina de la Paz

### Oración inicial para cada día
*Santísima Trinidad, Padre, Hijo y Espíritu Santo,*
*tu luz me envuelve y me protege;*
*a la vez que el amor de la Reina de la Paz me rodea.*
*Tu luz, Señor, guía mis pasos en este día,*
*y con su resplandor echas fuera*
*las tinieblas de mi alma,*
*de mi familia, de la Iglesia y cada rincón*
*de mi país y de toda la tierra.*
*Madre de Jesús y Madre nuestra,*
*nos unimos a ti en oración de intercesión,*
*pidiendo a Dios que disipe*
*hasta la más espesa oscuridad*
*para que ya no regrese –ni siquiera–*
*la más pequeña sombra de mal. Amén.*

### Texto bíblico para meditar. Lucas 11, 1
*Un día, Jesús estaba orando en cierto lugar,*
*y cuando terminó, uno de sus discípulos le dijo:*
*"Señor, enséñanos a orar, así como Juan enseñó*
*a sus discípulos".*

## Del Mensaje de la Reina de la Paz del 25 de enero del 2009

*Queridos hijos, también hoy los invito a la oración. Que la oración sea como la semilla que pondrán en mi corazón, y que yo entregaré a mi Hijo Jesús por ustedes, por la salvación de sus almas.*

## Reflexión de hoy: "El crecimiento espiritual"

Hay quienes tienen la idea de que la oración es una obligación, siendo que, en realidad, es una necesidad del alma y un medio para vivir como resucitados, ya desde esta tierra. Por eso, la Reina de la Paz con gran delicadeza nos dice: "Hoy los invito a la oración".

Cada vez que, entrando en nuestro interior, nos ponemos en la presencia de Dios o de la Virgen, con nuestra oración estamos sembrando semillas de poder espiritual, las cuales germinarán y producirán frutos de múltiples bendiciones en el momento oportuno.

Uno de los mayores frutos es que, por medio de la oración, el Espíritu Santo cada día nos va inundando de la luz divina, nos va enamorando cada vez un poco más de Dios y de su voluntad, y nos impulsa a trabajar sin temores ni egoísmos para la salvación de las almas.

Otro fruto de la oración suele ser que quien ora gradualmente se libera de los apegos, se siente más libre en relación con los bienes materiales y se vuelve más generoso, compartiendo con los demás su tiempo y sus bienes, llegando de este modo a experimentar una liberación de los temores profundos y una nueva sensación de paz duradera.

Por eso, en este camino hacia la consagración, invito a hacer con el corazón, la siguiente oración:

*Virgen María, Reina de la Paz, tú que eres mi mamá,
enséñame a orar para ser colmado de la luz de Dios
y pídele a tu Hijo Jesús que me ayude a perseverar en
los buenos propósitos que me dispongo a comenzar
a partir de este día.
Quiero recibir la gracia de que, sanando mi corazón
de las ambiciones desmedidas y de la posesividad,
también me liberes del espíritu de superficialidad y
de materialismo con el cual he crecido,
pensando que era lo normal y que estaba bien.
Tú jamás has dejado de amarme, pero siento que
hoy me dices que ya es hora de cambiar.
Ayúdame a comprender qué decisiones debo tomar
en mi vida, qué propósitos de cambios debo realizar
para que mi generosidad se manifieste a favor
de las obras de evangelización y en el servicio
de todos aquellos a quienes tú me envíes. Amén.*

## Oración final para cada día

*Padre del cielo, en nombre de tu Hijo Jesucristo
y por la intercesión de María Reina de la Paz,
pongo en tus manos a todos tus hijos
que habitamos esta tierra,
especialmente a los más necesitados
de tener una experiencia de tu amor
y de tu divina misericordia. Que así sea.*

## Bendición final

*Que en este día nos bendiga Dios, que es Padre, Hijo y Espíritu Santo. Amén.*

---

*María lucha con nosotros, sostiene a los cristianos en el combate contra las fuerzas del mal*

*(Papa Francisco).*

## 14° Día: "Tus ojos"
# Preparación para consagrarse a Dios con la intercesión de la Reina de la Paz

### Oración inicial para cada día

*Santísima Trinidad, Padre, Hijo y Espíritu Santo,*
*tu luz me envuelve y me protege;*
*a la vez que el amor de la Reina de la Paz me rodea.*
*Tu luz, Señor, guía mis pasos en este día,*
*y con su resplandor echas fuera*
*las tinieblas de mi alma,*
*de mi familia, de la Iglesia y cada rincón*
*de mi país y de toda la tierra.*
*Madre de Jesús y Madre nuestra,*
*nos unimos a ti en oración de intercesión,*
*pidiendo a Dios que disipe*
*hasta la más espesa oscuridad*
*para que ya no regrese –ni siquiera–*
*la más pequeña sombra de mal. Amén.*

### Texto bíblico para meditar. Mateo 6, 22

*Tu ojo es la lámpara de tu cuerpo. Si tus ojos están sanos, todo tu cuerpo tendrá luz; pero si tus ojos están enfermos, todo tu cuerpo estará en oscuridad.*

## Del Mensaje de la Reina de la Paz del 2 de marzo de 2017

*¡Queridos hijos, con amor maternal, vengo a ayudarlos para que tengan más amor, lo que significa más fe... Por eso, apóstoles de mi amor, los reúno en torno a mí. Mírenme con el corazón, háblenme como a una madre de sus dolores, aflicciones y alegrías.*

## Reflexión de hoy: "Que la luz de Dios brille en nuestros ojos"

En el Evangelio de san Mateo Jesús nos recuerda: "Tu ojo es la lámpara de tu cuerpo".

En la mayoría de los casos, estamos tan acostumbrados a mirar superficialmente que solo si un accidente o una enfermedad nos provoca alguna molestia en el sentido de la vista, llegamos a comprender plenamente el valor y la importancia de los ojos, o si sufrimos alguna clase de impedimento para ver con plena claridad todo aquello que nos rodea.

Sin embargo, es posible que nuestros ojos sean lo más importante en nuestro rostro. No solo porque nos permiten caminar sin tropezar y son la herramienta para contemplar las cosas que nos circundan, sino también porque a través de los ojos expresamos mucho de lo que se encuentra guardado en lo profundo del arcón del corazón.

Efectivamente, con frecuencia he oído de otras personas o incluso yo mismo he formulado expresiones tales como éstas: "Tienes los ojos tristes"; "Con su sola mirada transmite entusiasmo y alegría"; "¡Hummm, por la mirada estás mintiendo!"; "Se nota en los ojos que es una persona de buen corazón"; "Los ojos son el espejo del alma", "¿Por qué miras para otro lado cuando te hablo?"; "Lo he visto con la cabeza baja y la mirada perdida"; "Tiene una mirada de persona buena y honesta"; "Tienes una mirada risueña". Y, semejantes a estas frases, podríamos agregar muchas otras que seguramente seguirían describiendo en qué medida los ojos tienen un lenguaje propio, el cual puede llegar a expresar lo que hay en los niveles más recónditos de la persona.

En este sentido, los ojos son lámpara del cuerpo, ya que iluminan lo que está sucediendo en el interior de cada uno de nosotros.

Esto es tan real que, en ciertos ámbitos, hay quienes están muy pendientes de lo que manifiestan los ojos del interlocutor y estudian el comportamiento humano.

Algunos ejemplos al respecto podrían ser estos: en una entrevista de trabajo, en una declaración o interrogatorio judicial, en migraciones al entrar en algunos países o al abordar un avión, en una sesión de psicología, psicoterapia, etc.

Para diagnosticar el estado de salud de una persona, muchos médicos están pendientes de nuestros ojos, quienes suelen estudiarlos con una pequeña linterna, bajándonos los parpados inferiores o superiores. Y, como si esto fuese poco, existe una especialidad médica que se llama iriólogo, iridología, que consiste en observar el iris para detectar enfermedades.

De este modo, podríamos afirmar que nuestros ojos son las estrellas o los personajes centrales de nuestro cuerpo, de nuestro nivel emocional y espiritual.

Además, llama la atención que en las diversas apariciones de la Virgen María –Lourdes, Fátima, Nuestra Señora del Rosario de San Nicolás, Medjugorje, etc. –, ella siempre mira a sus interlocutores a los ojos; y los videntes suelen comentar el amor que trasmite Nuestra Madre a través de su mirada. Pero, en otras ocasiones, sus ojos se ven tristes a causa del dolor y del pecado en el mundo.

### Ejercicio práctico del espejo

Ahora dejamos por un rato la lectura de la reflexión de este día en preparación para la consagración, y nos tomamos todo el tiempo que consideremos necesario para realizar el siguiente ejercicio; además, se puede repetir las veces que uno quiera.

Y este ejercicio consiste en lo siguiente:

a. Nos colocamos delante de un espejo y acercamos el rostro.
b. Pero no debemos hacerlo como si estuviéramos solos, sino renovando la conciencia de que Dios está con nosotros en lo profundo de nuestro corazón, a nuestro lado y en todo nuestro ser.
c. Luego de tomar conciencia de que Dios está en nosotros, centramos la mirada y la atención en los ojos.
d. Pedimos al Señor la gracia de que nos permita ver cómo nos perciben los demás cuando miran nuestros ojos.

e. Hablamos con Dios –nuestro creador–, pidiéndole su luz, para que nos revele aspectos desconocidos de nuestro interior.
f. Pedimos la gracia de que sane nuestro corazón, que lo libere del origen de cualquier tristeza o desconfianza, y que lo colme de su luz.
g. Le decimos a Jesús con nuestras palabras que nos regale una mirada parecida a la de su Madre, la Virgen María.
h. Finalmente imaginamos cómo son los ojos de la Virgen María y, en especial, cuánto amor trasmite su mirada cuando se aparece a los videntes. Con los ojos de nuestra imaginación nos quedamos contemplando su mirada como si ella estuviera delante de nosotros.

Si ya hemos realizado el ejercicio del espejo, podemos escribir con honestidad en un cuaderno todo lo que Dios nos hizo ver por medio de nuestros ojos y bajo la luz de su Santo Espíritu.

Cada vez que realicemos el ejercicio del espejo, volvemos a las anotaciones en el cuaderno y estamos atentos a los cambios que Dios irá haciendo en nuestros ojos.

Estos cambios sucederán en la medida en que nos decidamos a aceptar el amor que la Reina de la Paz quiere transmitirnos para ayudarnos a cambiar aquellos aspectos de nuestra vida que necesitan ser transformados en el camino hacia la consagración.

Otro versículo para meditar: "Si tus ojos están sanos...".

Nuestros ojos están sanos:

- Cuando miramos al prójimo como nos mira María a pesar de nuestros pecados. Es el impulso que nos quiere llevar a mirarnos como hermanos, sin situarnos en un nivel superior o inferior, tratando de animarnos a entrar en su escuela para dejarnos formar por ella y por Nuestro Señor.
- Cuando miramos los errores o debilidades de nuestros prójimos con ojos de misericordia y buscamos –con nuestro testimonio– ser luz para ellos.
- Cuando miramos con ojos puros a las personas que nos parecen hermosas, alabando a Dios por la belleza que les ha concedido.
- Cuando sabemos discernir y elegir los programas de televisión, la lectura, los sitios o páginas de internet, etc.
- Cuando miramos con alegría el crecimiento espiritual, material o cualquier otro logro de quienes están cerca de nosotros.
- Cuando no miramos los bienes materiales con ambición desmedida, sino que los ponemos en el peldaño correcto de nuestra vida y los vemos como bienes transitorios para compartir.
- Cuando sabemos ver lo bueno que hay en cada persona y la ayudamos a descubrir y a desarrollar las propias capacidades y talentos.
- Cuando sabemos ver la "mitad llena del vaso", sin amargarnos porque la otra mitad está vacía, sino que buscamos la manera de que se llene comple-

tamente para poder compartirlo con nuestros prójimos.

Si descubrimos que estamos flojos en algunos de estos puntos, pedimos al Señor la Gracia para que nos ayude lograr estas analogías:
1. Limpiar los cristales de los lentes del corazón.
2. Cambiar los cristales rayados del alma.
3. Quitarnos el grano de arena que nos está lastimando la visión.

Como dice Apocalipsis 3, 18-21: *Cómprame un colirio que te pondrás en los ojos para ver. Yo reprendo y corrijo a los que amo. Vamos, anímate y conviértete. Mira que estoy a la puerta y llamo: si uno escucha mi voz y me abre, entraré en su casa y comeré con él y él conmigo. Al vencedor lo sentaré junto a mí en mi trono, del mismo modo que yo, después de vencer, me senté junto a mi Padre en su trono.*

## Oración final para cada día

*Padre del cielo, en nombre de tu Hijo Jesucristo*
*y por la intercesión de María Reina de la Paz,*
*pongo en tus manos a todos tus hijos*
*que habitamos esta tierra,*
*especialmente a los más necesitados*
*de tener una experiencia de tu amor*
*y de tu divina misericordia. Que así sea.*

## Bendición final

*Que en este día nos bendiga Dios, que es Padre, Hijo y Espíritu Santo. Amén.*

*Dulcísima Madre mía, quiero inflamarme en amor hacia ti y me propongo impulsar a otros a que te amen también*

(San Alfonso María de Ligorio).

## 15° Día: "Sanar la rebeldía"
# Preparación para consagrarse a Dios con la intercesión de la Reina de la Paz

### Oración inicial para cada día
*Santísima Trinidad, Padre, Hijo y Espíritu Santo,*
*tu luz me envuelve y me protege;*
*a la vez que el amor de la Reina de la Paz me rodea.*
*Tu luz, Señor, guía mis pasos en este día,*
*y con su resplandor echas fuera*
*las tinieblas de mi alma,*
*de mi familia, de la Iglesia y cada rincón*
*de mi país y de toda la tierra.*
*Madre de Jesús y Madre nuestra,*
*nos unimos a ti en oración de intercesión,*
*pidiendo a Dios que disipe*
*hasta la más espesa oscuridad*
*para que ya no regrese –ni siquiera–*
*la más pequeña sombra de mal. Amén.*

### Texto bíblico para meditar. Salmo 19, 9
*Los preceptos del Señor son justos, reportan alegría*
*al corazón; los mandamientos del Señor son límpidos,*
*dan luz a los ojos.*

## Del Mensaje de la Reina de la Paz del 25 de febrero de 1995

*Los invito, hijitos, a ser paz donde no hay paz y luz donde hay tinieblas, a fin de que cada corazón acepte la luz y el camino de la salvación. ¡Gracias por haber respondido a mi llamado!*

## Reflexión de hoy: "La luz de Dios te sana de la rebeldía"; "… dan luz a los ojos"

Así como el sol cada mañana nos permite ver el nuevo día, el Espíritu Santo de Dios –que habita en nosotros– nos permite tener una profunda comprensión de lo que el Señor nos pide hacer y, por medio de sus mandamientos y preceptos, ilumina nuestro camino de tal forma que, a lo largo de las horas que han de transcurrir, crezca su alegría en nosotros.

¡Cuánto menos nos cansaríamos y qué relajados y serenos andaríamos por los senderos que transcurren las horas de la vida, si descansáramos en las enseñanzas del Señor y viviésemos los mensajes de la Reina de la Paz! De ese modo experimentaríamos como ellos están junto a cada uno de nosotros y nos veríamos colmados de un gozo renovado, al saber que Jesús y María estarán presentes en toda situación que habremos de vivir.

Pero, con frecuencia, suele suceder que, en algunos de nosotros, las heridas de la vida han producido reacciones de desconfianza y rebelión, principalmente, hacia todo lo que "huele" a mandato o autoridad.

Esta rebelión automática e irreflexiva, que nos pudo haber dejado fijados en la etapa adolescente, contrariamente a lo que parece, nos quita libertad y nos priva de la sabiduría de Dios, nuestro Creador, que sabe cómo estamos hechos; que conoce aquello que nos hace bien y también lo que nos hace mal; y aquello que más nos conviene para cada momento de nuestras vidas.

Por lo tanto, si alguno de nosotros es "rebelde", entonces debe dar los siguientes pasos de oración para que Dios pueda sanarlo del origen de toda rebelión consciente o inconsciente:

- Pedirle ayuda a la Virgen María, mujer del sí, que siempre aceptó con alegría –para su vida– la voluntad de Dios.
- Pedirle ayuda al Espíritu de Dios, pues él no solo puede sanar el corazón, sino también conceder su docilidad liberadora.
- Centrar la atención y el corazón en Dios, él puede ayudar a calmar los vientos impetuosos de aquellas emociones y pensamientos agresivos y rebeldes que impiden contemplar con mayor profundidad la maravilla de la vida, de los sueños de Dios para sí mismo y de la vocación innata para transformar la creación, viviendo en armonía con ella.
- Respirar profundamente, ponerse cómodo y soltar poco a poco las preocupaciones del día, mientras se va dejando que el Señor saque a la superficie las causas de las rebeliones.
- Quedarse descansando todo el tiempo que sea posible en la presencia de Dios y de su Madre, tomando

conciencia de que el amor que fluye de ellos renueva, mientras les entrega aquellos acontecimientos de la vida que lo marcaron con la huella de la desconfianza, el prejuicio y el espíritu de contradicción, queja y rebeldía.
- Respirar serena y profundamente, dejar que Jesús lo revista de los nuevos comportamientos: confianza en él, en sí mismo y en los demás; espíritu de discernimiento, sabiduría y docilidad, optimismo y esperanza.
- Disfrutar y sentir la tranquilidad de la oración que fluye al descansar en la presencia amorosa de Dios y de la Virgen María.

## Oración final para cada día

*Padre del cielo, en nombre de tu Hijo Jesucristo*
*y por la intercesión de María Reina de la Paz,*
*pongo en tus manos a todos tus hijos*
*que habitamos esta tierra,*
*especialmente a los más necesitados*
*de tener una experiencia de tu amor*
*y de tu divina misericordia. Que así sea.*

## Bendición final

*Que en este día nos bendiga Dios, que es Padre, Hijo y Espíritu Santo. Amén.*

---

*María es la madre que con paciencia y ternura nos lleva a Dios para que desate los nudos de nuestra alma*

(Papa Francisco).

# 16° Día: "Los sacerdotes"
## Preparación para consagrarse a Dios con la intercesión de la Reina de la Paz

### Oración inicial para cada día

*Santísima Trinidad, Padre, Hijo y Espíritu Santo,
tu luz me envuelve y me protege;
a la vez que el amor de la Reina de la Paz me rodea.
Tu luz, Señor, guía mis pasos en este día,
y con su resplandor echas fuera
las tinieblas de mi alma,
de mi familia, de la Iglesia y cada rincón
de mi país y de toda la tierra.
Madre de Jesús y Madre nuestra,
nos unimos a ti en oración de intercesión,
pidiendo a Dios que disipe
hasta la más espesa oscuridad
para que ya no regrese –ni siquiera–
la más pequeña sombra de mal. Amén.*

### Texto bíblico para meditar. Hebreos 5, 1-3

*Todo Sumo Sacerdote es tomado de entre los hombres y puesto para intervenir en favor de los hombres en todo aquello que se refiere al servicio de Dios, a fin de ofrecer dones y sacrificios por los pecados.*

*Él puede mostrarse indulgente con los que pecan por ignorancia y con los descarriados, porque él mismo está sujeto a la debilidad humana. Por eso debe ofrecer sacrificios, no solamente por los pecados del pueblo, sino también por los propios pecados.*

## Del Mensaje de la Reina de la Paz del 25 de septiembre de 2017

*¡Queridos hijos! Los invito a ser generosos en la renuncia, en el ayuno y en la oración por todos los que están en la prueba y son sus hermanos y hermanas. De manera especial, les pido que oren por los sacerdotes y por todos los consagrados para que amen con más fervor a Jesús, para que el Espíritu Santo llene sus corazones de gozo; para que testimonien el cielo y los misterios celestiales.*

## Reflexión de hoy: "¿Qué hacemos por los sacerdotes?"

El llamado que Dios nos hace por medio de la Reina de la Paz no es algo masivo e impersonal, sino que nos llama individualmente y de modo particular; así como también nuestra respuesta debe ser personal y libre.

Si reflexionamos profundamente sobre esto, nos daremos cuenta del amor que Dios nos tiene y lo importante que somos para él.

Habría que ser muy necio para que, comprendiendo este amor divino de predilección, no nos decidiésemos a abrir aún más las puertas de nuestro corazón, anhelando seguir las enseñanzas de Jesús cada día con mayor fidelidad.

En este mensaje, la Virgen también nos habla de los sacerdotes y del lugar central que ellos ocupan en su corazón materno. Ellos son hombres elegidos por Dios para una tarea muy especial. Han aceptado renunciar a un proyecto personal para ponerse al servicio de todos los hombres.

En este momento de reflexión en preparación para la consagración –y en presencia de la Reina de la Paz– podríamos hacernos algunas preguntas:

- ¿Amamos a los sacerdotes como la Virgen lo pide?
- ¿Somos de los que los juzgan y critican?
- ¿Oramos cada día por los sacerdotes y por las vocaciones?
- ¿Cómo colaboramos con sus necesidades cotidianas?
- ¿Qué estamos haciendo para ayudarlos?

Dios y la Reina de la Paz bendicen a quienes son de bendición para los sacerdotes.

## Oración

*Virgen María, Reina de la Paz,*
*ayúdame a comprender y a gustar de la grandeza*
*del llamado que Dios me está haciendo*
*y a responder con alegría, con prontitud*
*y generosidad, fortaleciendo en mi oración diaria*

*el diálogo con cada una de las personas
de la Santísima Trinidad.
También te pido, Madre, que me enseñes a amar
a los sacerdotes como tú los amas y que,
liberándome de las actitudes de queja y de crítica,
me decida a ayudarlos como hermanos.
Madre, en otros mensajes tú nos has dicho
cuánto odia Satanás a los sacerdotes, por eso,
hoy también te pido que los protejas con tu amor
materno y con la preciosa sangre que tu Hijo Jesús
derramó en la cruz y que los liberes de todo mal.
Enséñame a ser como tú, cuando en Caná de Galilea
con tu actitud nos instruiste sobre lo importante que
es ser libre de la indiferencia, del pecado de omisión,
estando, en cambio, atentos a sus necesidades para
que así, fortalecidos y animados por un sano amor
de los laicos, puedan servirte a ti y a tu pueblo
cada día mejor. Amén.*

## Oración final para cada día

*Padre del cielo, en nombre de tu Hijo Jesucristo
y por la intercesión de María Reina de la Paz,
pongo en tus manos a todos tus hijos
que habitamos esta tierra,
especialmente a los más necesitados
de tener una experiencia de tu amor
y de tu divina misericordia. Que así sea.*

## Bendición final

*Que en este día nos bendiga Dios, que es Padre, Hijo y Espíritu Santo. Amén.*

> *El Eterno se enamoró de tu incomparable hermosura, con tanta fuerza que se hizo como desprenderse del seno del Padre y escoger esas virginales entrañas para hacerse Hijo tuyo*
>
> *(San Alfonso María de Ligorio).*

# 17° Día: "El Tiempo"
## Preparación para consagrarse a Dios con la intercesión de la Reina de la Paz

### Oración inicial para cada día
*Santísima Trinidad, Padre, Hijo y Espíritu Santo,*
*tu luz me envuelve y me protege;*
*a la vez que el amor de la Reina de la Paz me rodea.*
*Tu luz, Señor, guía mis pasos en este día,*
*y con su resplandor echas fuera*
*las tinieblas de mi alma,*
*de mi familia, de la Iglesia y cada rincón*
*de mi país y de toda la tierra.*
*Madre de Jesús y Madre nuestra,*
*nos unimos a ti en oración de intercesión,*
*pidiendo a Dios que disipe*
*hasta la más espesa oscuridad*
*para que ya no regrese –ni siquiera–*
*la más pequeña sombra de mal. Amén.*

### Texto bíblico para meditar. Daniel 2, 21-22
*Él es el dueño de los tiempos y de los momentos...,*
*da la sabiduría a los sabios, la inteligencia a los que*
*toman decisiones. Revela los misterios y los secretos,*

conoce lo que está oculto en las tinieblas; donde él está, todo es luz.

## Del Mensaje de la Reina de la Paz del 2 de abril de 2016

*Queridos hijos... permitan a mi amor materno iluminarlos y llenarlos de amor y de esperanza... Sé que para ustedes es difícil porque a su alrededor ven cada vez más tiniebla. Hijos míos, es necesario aniquilarla con la oración y el amor. Quien ora y ama no teme, tiene esperanza y amor misericordioso. Ve la luz, ve a mi Hijo. Como apóstoles míos, los llamo para que intenten ser ejemplo de amor misericordioso y de esperanza. Siempre vuelvan a orar para tener el mayor amor posible, porque el amor misericordioso lleva la luz que aniquila toda tiniebla.*

## Reflexión de hoy: "Permitámosle a la Virgen María que nos ayude a administrar bien nuestros tiempos"

Dios –siendo nuestro Creador– debería ser quien ocupe el primer lugar en cada uno de los instantes de nuestra vida. Él ha sido quien nos ha dado el ser a cada uno de nosotros en el momento justo de la historia donde concibió nuestra existencia a través de nuestros padres.

Dios ha estado "embarazado de nosotros" desde siempre y ha sido por puro amor; por lo cual, él nos ha dado a luz en el momento propicio.

Pero también María Reina de la Paz debería ayudarnos a administrar las actividades de cada jornada, a fin de aprovechar el tiempo sabiamente produciendo frutos en abundancia.

Así como un matrimonio que está embarazado espera el nacimiento de su pequeño bebé y prepara la habitación, la ropa y otros enseres que el niño necesitará cuando nazca; de manera semejante Dios fue preparando un ambiente para que llegásemos a ser luz en el tiempo y en el lugar en que él nos habría de dar a luz...

Y, aunque tal vez en algunos momentos dolorosos de nuestras vidas nos pudimos haber planteado el porqué de nuestra existencia, Dios jamás nos abandonó, por eso, continúa enviándonos a su Madre para que, a través de la práctica de sus mensajes, descubramos la vida en abundancia.

Si en algún momento dudamos del sentido profundo de nuestra vida, podemos abrirnos al poder sanador de la Palabra: "No vale la pena que seas mi servidor únicamente... Tú serás, además, una luz para las naciones, para que mi salvación llegue hasta el último extremo de la tierra... Esto dice Yahvé, el redentor y el Santo de Israel, Yahvé te asegura: En el momento oportuno te atendí, al día de la salvación, te socorrí" (Isaías 49, 6-8).

Ahora, invito a reflexionar sobre las siguientes preguntas, pero con la idea de que no respondamos con respuestas automáticas o aprendidas de memoria, como si fuese una tarea que debemos cumplir o con la cual tenemos que agradar a alguien. Respondámoslas desde el corazón, abriéndonos a la sinceridad que viene de la luz del Señor y de María. Ella está junto a nosotros intercediendo para que podamos recibir la bendición de Dios.

Quizás el Espíritu de Dios nos traiga algunos recuerdos o nos muestre ciertos comportamientos por los cuales tengamos que orar pidiendo liberación de aquellas actitudes que bloquean la luz de Dios e impiden que las bendiciones divinas lleguen a nuestra vida más abundantemente; o que esas gracias se derramen a través de nosotros para la liberación y sanación de nuestro país y de toda la tierra.

- ¿Le permitimos a Dios colmarnos de su luz con el anhelo de ser luz en nuestra familia y en todos los ambientes?
- ¿Confiamos realmente en la promesa del Señor cuando nos asegura: "En el momento oportuno te atendí, al día de la salvación, te socorrí"?
- ¿Dejamos que Dios sea el Señor de nuestros tiempos y que la Virgen María sea para nosotros un modelo que nos enseñe cómo administrarlo sabiamente?
- O, por el contrario ¿manejamos los tiempos según nuestros caprichos, usando mal el tiempo que Dios nos regala o dejándonos ganar por la ansiedad?

No podremos llevar la luz a los demás si antes no nos llenamos de esa misma luz. ¿Cuáles son esas naciones o ámbitos que debemos iluminar?

- ¿El matrimonio...?
- ¿Los hijos...?
- ¿Otros miembros de la familia...? ¿Cuáles?
- ¿Amigos?

- ¿Enemigos?
- ¿Hermanas o hermanos de la comunidad, de la parroquia, etc?
- ¿Compañeros o compañeras de profesión o del trabajo?
- ¿Vecinos?
- ¿Compañeros de estudio?
- ¿Otras personas?
- ¿Otros ámbitos?

Ahora, pidiendo la sabiduría de Dios, definamos y vayamos concretando de qué manera y en que tiempos lo haremos:

...........................................................................................................

...........................................................................................................

...........................................................................................................

Si alguien siente temor o no se cree capaz de hacerlo, debe recordar lo que asegura Dios por medio del profeta Daniel: "(Dios) da la sabiduría a los sabios, la inteligencia a los que toman decisiones. Revela los misterios y los secretos, conoce lo que está oculto en las tinieblas; donde él está, todo es luz" (Daniel 2, 21-22).

Consagramos cada instante y actividad de este día a Dios por medio de la Reina de la Paz.

## Oración

*Abbá, Papá Dios, hoy te doy gracias por el amor
con el que me pensaste y por el cual me diste
y me das el existir.
Gracias por haberme dado el ser
concebido en el momento oportuno.
Hoy también te pido perdón por las veces
que me he adueñado de la vida que me regalas,
usando el tiempo sin discernimiento y apartándome
en algunos momentos de tu voluntad.
Hoy te consagro mi pasado, mi presente
y cada uno de los segundos que han de venir,
de manera que en mi vida comiencen a manar
tus gracias y no cesen de fluir; y también te pido
que por mi intermedio tu luz llegue con tu sabiduría
y tu poder a todos aquellos a quienes quieras colmar
de tu luminosidad. Amén.*

## Oración final para cada día

*Padre del cielo, en nombre de tu Hijo Jesucristo
y por la intercesión de María Reina de la Paz,
pongo en tus manos a todos tus hijos
que habitamos esta tierra,
especialmente a los más necesitados
de tener una experiencia de tu amor
y de tu divina misericordia. Que así sea.*

## Bendición final

*Que en este día nos bendiga Dios, que es Padre, Hijo y Espíritu Santo. Amén.*

*La Virgen María educa a sus hijos en el realismo y en la fortaleza ante los obstáculos, que son inherentes a la vida misma y que ella misma padeció al participar de los sufrimientos de su Hijo*

*(Papa Francisco).*

## 18° Día: "Protegidos por María"
# Preparación para consagrarse a Dios con la intercesión de la Reina de la Paz

## Oración inicial para cada día

*Santísima Trinidad, Padre, Hijo y Espíritu Santo,
tu luz me envuelve y me protege;
a la vez que el amor de la Reina de la Paz me rodea.
Tu luz, Señor, guía mis pasos en este día,
y con su resplandor echas fuera
las tinieblas de mi alma,
de mi familia, de la Iglesia y cada rincón
de mi país y de toda la tierra.
Madre de Jesús y Madre nuestra,
nos unimos a ti en oración de intercesión,
pidiendo a Dios que disipe
hasta la más espesa oscuridad
para que ya no regrese –ni siquiera–
la más pequeña sombra de mal. Amén.*

## Texto bíblico para meditar. 2 Macabeos 3, 26

*Aparecieron dos jóvenes, rebosantes de energía, deslumbrantes de luz, y vestidos con magníficos trajes.*

## Del Mensaje de la Reina de la Paz del 25 de marzo de 1990

*¡Queridos hijos!... Yo quisiera protegerlos de todo aquello que Satanás les ofrece y con lo cual quiere destruirlos... Comprendan la grandeza del don que Dios les da a través de mí, a fin de que yo pueda protegerlos con mi manto y conducirlos al gozo de la vida. ¡Gracias por haber respondido a mi llamado!*

## Reflexión de hoy: "La luz de Dios nos protege de todo enemigo y de todo mal"[15]

En la vida de todo discípulo del Señor siempre hay riesgos y peligros. Por lo tanto, podemos leer la siguiente reflexión teniendo presente que cada uno de nosotros es un templo de Dios, y que él quiere protegernos de cualquier profanación y liberarnos de todo mal.

En el texto de 2 Macabeos 3, 26, es notorio el poder y la eficacia de la oración hecha con fe; la oración hecha en intimidad desde el corazón, como nos pide en sus mensajes la Reina de la Paz. Oración que clama a Dios su protección de quienes buscaban hacerles daño.

Ahora nos tomamos un tiempo para reflexionar lo siguiente:

---

15  Para profundizar en el tema de la protección y la liberación, ver los siguientes libros de Gustavo E. Jamut: *Cómo cerrar las puertas a las fuerzas del mal*; *Protege tu vida y la de tu familia*; *Sanados y liberados por la sangre de Jesús*.

- ¿Hay alguna situación en nuestra vida en la cual nos sentimos humillados, sin que hayamos sido responsables?
- ¿Cómo reaccionamos ante los ataques de quienes intentan causarnos daño a nosotros o a nuestros seres queridos?
- ¿Pedimos la protección de Aquella que pisó la cabeza de la serpiente?
- ¿Pedimos ayuda a los santos arcángeles y ángeles de Dios, en particular a nuestro ángel custodio?
- ¿Pedimos de corazón al Señor que envíe a sus santos ángeles para que nos protejan de quienes quieren hacernos daño a nosotros, a nuestra familia, comunidad, a la Iglesia y a los más débiles e indefensos de la sociedad?
- Invoquemos el poder de la Sangre de Nuestro Señor Jesucristo, que ha derrotado a Satanás, de modo que él no pueda producirnos daño en ningún área de la vida.
- ¿Oramos por quienes han hablado mal de nosotros?
- ¿Le pedimos al Señor que derrame bendición sobre quienes buscan hacernos mal?
- Pidamos al Señor un cambio de conducta respecto de quienes nos desean el mal sobre la base de lo que dice su Palabra: "No devuelvan mal por mal ni insulto por insulto; más bien bendigan, pues para esto han sido llamados; y de este modo recibirán la bendición (1 Pedro 3, 9).
- Meditemos y afiancemos nuestra confianza en el Señor de acuerdo con el Salmo 10, 17 y 18: "Tú escu-

chas, Señor, el ruego de los humildes, reconfortas su corazón y tus oídos están atentos para defender al huérfano y al oprimido".

## Oración

*Amado Jesús, te pido que con tu sangre preciosa protejas y selles todo mi ser, interior y exteriormente y a las personas, lugares e instituciones para quien hoy clamo de corazón tu protección (podemos mencionarlas).*
*Virgen María, en tu Inmaculado Corazón, deposito mi persona y todo lo que tengo, junto a las personas por quienes hoy me uno contigo en intercesión, para que ni en el presente, ni en ningún momento futuro, llegue a ellos daño por venganza de lo oculto o por gente con malos sentimientos.*
*Por el poder de tu Santo Nombre, Señor Jesús, disipa toda fuerza dañina y destructora.*
*Invoco la presencia de los ángeles y arcángeles: Miguel, Gabriel y Rafael, principados, virtudes, potestades, dominaciones, querubines, serafines y tronos de Dios para que sean ellos quienes nos guíen, protejan y lleven a feliz término esta batalla contra el mal. Amén.*

## Oración final para cada día

*Padre del cielo, en nombre de tu Hijo Jesucristo
y por la intercesión de María Reina de la Paz,
pongo en tus manos a todos tus hijos
que habitamos esta tierra,
especialmente a los más necesitados
de tener una experiencia de tu amor
y de tu divina misericordia. Que así sea.*

## Bendición final

*Que en este día nos bendiga Dios, que es Padre, Hijo
y Espíritu Santo. Amén.*

---

*La devoción y el amor a María Santísima es una gran protección y un arma poderosa contra las asechanzas del demonio*

(San Juan Bosco).

## 19° Día: "Iluminación divina"
# Preparación para consagrarse a Dios con la intercesión de la Reina de la Paz

### Oración inicial para cada día

*Santísima Trinidad, Padre, Hijo y Espíritu Santo,*
*tu luz me envuelve y me protege;*
*a la vez que el amor de la Reina de la Paz me rodea.*
*Tu luz, Señor, guía mis pasos en este día,*
*y con su resplandor echas fuera*
*las tinieblas de mi alma,*
*de mi familia, de la Iglesia y cada rincón*
*de mi país y de toda la tierra.*
*Madre de Jesús y Madre nuestra,*
*nos unimos a ti en oración de intercesión,*
*pidiendo a Dios que disipe*
*hasta la más espesa oscuridad*
*para que ya no regrese –ni siquiera–*
*la más pequeña sombra de mal. Amén.*

### Texto bíblico para meditar. Job 29, 3

*Cuando hacía brillar su lámpara sobre mi cabeza y yo caminaba a su luz entre las tinieblas.*

## Del Mensaje de la Reina de la Paz del 18 de marzo de 1999

*¡Queridos hijos! Deseo que me entreguen sus corazones para conducirlos por el camino que lleva a la luz y a la vida eterna. No deseo que sus corazones se extravíen en la oscuridad del presente. Yo los ayudaré. Estaré con ustedes en ese camino de descubrimiento del amor y de la misericordia de Dios.*

## Reflexión de hoy: "La luz de Dios y el amor de Nuestra Señora reposan sobre nosotros"

Llamemos junto a nosotros a la Virgen María, Reina de la Paz, y digámosle: "Madre nuestra, en esta jornada en que me encamino a consagrar a Dios todo lo que tengo y todo lo que soy, te pido que, con tu presencia mediadora, aumentes en mí la conciencia de que este día –y cada día– es único e irrepetible, y que debo vivirlo como tal; con capacidad de asombro, como si volviese a ser un niño; con un ánimo lleno de esperanza y de buen humor".

El versículo de Job de este día afirma: "Cuando hacía brillar su lámpara sobre mi cabeza...", lo cual puede ayudarnos a meditar sobre el hecho de que, cuando, a lo largo del día, caminamos por las calles de la ciudad, solemos disfrutar del sol que está sobre nosotros y cuyos rayos nos permiten distinguir todo lo que nos rodea. Sin embargo, no nos detenemos a pensar en el sol; lo asumimos como algo normal, que debe estar donde está y cumplir con la tarea que Dios le ha asignado: iluminar a los hombres.

Así como el sol siempre está, incluso en los días nublados, también la presencia amorosa del Espíritu de Dios nos rodea, ya que, como repetía santa Teresa, "el cristiano puede encontrar a Dios hasta en las cacerolas" (ollas).

Por lo tanto –ya que frecuentemente la Reina de la Paz nos invita a orar con el corazón–, integremos la imaginación y todo nuestro ser en este momento de encuentro con Dios y de fusión espiritual con él.

- Imaginemos una brillante fuente de luz que viene de Dios y que procede de lo alto, mientras que, con nuestras palabras, le pedimos al Señor que su luz ilumine nuestra cabeza, que penetre por el cuero cabelludo, que los rayos de su luz divina penetren nuestros pensamientos y todo nuestro ser como si el mismo Espíritu Santo nos impusiera las manos.
- Cada célula de nuestro cuerpo puede y necesita ser habitada y renovada por el santo y poderoso Espíritu de Dios.
- Sentimos como Dios ama cada parte de nuestro cuerpo, cómo recrea cada célula de nuestro ser, pues como dice en su Palabra: "Tú amas todo lo que existe y no aborreces nada de lo que has hecho, porque si hubieras odiado algo, no lo habrías creado. ¿Cómo podría subsistir una cosa si tú no quisieras? ¿Cómo se conservaría si no la hubieras llamado? Pero tú eres indulgente con todos, ya que todo es tuyo, Señor que amas la vida..." (Sabiduría 11, 24-26).
- También nos tomamos un tiempo para ver con los ojos de la imaginación a la Reina de la Paz, que, como afirman los videntes, suele aparecerse radian-

te, irradiando una intensa luz a los que están a sus pies en el momento de la aparición.

Ahora podemos reflexionar sobre la segunda parte del versículo de Job: "... y yo caminaba a su luz entre las tinieblas".

Las tinieblas de la jornada pueden representar las tentaciones o defectos que aún tenemos.

Pedimos al Señor y a María que –en esos momentos de fragilidad– nos iluminen concediéndonos sabiduría, paciencia y fortaleza.

Las tinieblas de la jornada también pueden representar los pensamientos mundanos y las emociones negativas que podrían asaltar en este día nuestra mente o corazón.

Pedimos al Señor y a María que la luz que de ellos procede nos ayude a salir victoriosos de los pensamientos y las emociones que quieran robarnos la paz.

Las tinieblas de la jornada representan los contratiempos o dificultades que podríamos encontrar.

Pedimos al Señor que su luz nos indique si debemos callar o debemos hablar, lo que debemos decir y lo que no debemos decir; también lo que debemos hacer.

¿En qué otras situaciones concretas de este día necesitaremos la luz de Dios para vencer las tinieblas?

## Ejercicio espiritual

- Respiramos lenta y profundamente el aire de un nuevo día y, con cada inhalación, oramos con el corazón repitiendo varias veces: "Ven, Espíritu Santo..."

y, al exhalar, agregamos: "... a todo mi ser" (podemos, si así lo deseamos, cambiar esta jaculatoria por otra semejante, por ejemplo: "María, Madre mía... Bendícenos").

- Repetimos esta oración todo el tiempo que creamos necesario hasta que podamos experimentar cómo Dios y la Virgen María son reales y están junto a nosotros.
- Mientras repetimos esta jaculatoria al ritmo de la respiración –por mediación de la Reina de la Paz-, vamos entregando a Dios cada situación personal, familiar, eclesial o social que necesita ser tocada y bendecida por Dios...
- A nosotros que respiramos y estamos vivos, por el amor que Dios nos tiene, el Salmo 150, 6 nos invita a orar y alabar a Dios, incluso con nuestra respiración: "Todo lo que respira alabe al Señor. ¡Aleluya!". Y terminamos con un canto de aleluya, porque en el vivir este día con Dios y con María –y para ellos– se hallan tu alegría, tu paz y tu victoria.
- Alabamos a Dios espontáneamente con las palabras que broten de nuestro interior.
- Damos gracias a la Virgen María por estar intercediendo con nosotros ante Dios por todas las intenciones que estamos presentando durante estos treinta y tres días.

## Oración final para cada día

*Padre del cielo, en nombre de tu Hijo Jesucristo
y por la intercesión de María Reina de la Paz,
pongo en tus manos a todos tus hijos
que habitamos esta tierra,
especialmente a los más necesitados
de tener una experiencia de tu amor
y de tu divina misericordia. Que así sea.*

## Bendición final

*Que en este día nos bendiga Dios, que es Padre, Hijo
y Espíritu Santo. Amén.*

---

*A quien Dios quiere hacer muy santo, lo hace devoto de la Virgen María*

*(San Luis María Grignión de Monfort).*

## 20° Día: "Discernimiento"
# Preparación para consagrarse a Dios con la intercesión de la Reina de la Paz

### Oración inicial para cada día
*Santísima Trinidad, Padre, Hijo y Espíritu Santo,*
*tu luz me envuelve y me protege;*
*a la vez que el amor de la Reina de la Paz me rodea.*
*Tu luz, Señor, guía mis pasos en este día,*
*y con su resplandor echas fuera*
*las tinieblas de mi alma,*
*de mi familia, de la Iglesia y cada rincón*
*de mi país y de toda la tierra.*
*Madre de Jesús y Madre nuestra,*
*nos unimos a ti en oración de intercesión,*
*pidiendo a Dios que disipe*
*hasta la más espesa oscuridad*
*para que ya no regrese –ni siquiera–*
*la más pequeña sombra de mal. Amén.*

### Texto bíblico para meditar. Isaías 14, 12-15
*¿Cómo caíste desde el cielo, estrella brillante,*
*hijo de la Aurora?*
*¿Cómo tú, el vencedor de las naciones,*
*has sido derribado por tierra?*

*En tu corazón decías: "Subiré hasta el cielo y levantaré mi trono encima de las estrellas de Dios, me sentaré en la montaña donde se reúnen los dioses, allá donde el norte se termina; subiré a la cumbre de las nubes, seré igual al Altísimo".
Mas, ¡ay!, has caído en las honduras del abismo, en el lugar adonde van los muertos.*

## Del Mensaje de la Reina de la Paz del 25 de abril de 2019

*¡Queridos hijos!... no permitan que el viento del odio y del desasosiego reine en ustedes y a su alrededor. Ustedes, hijitos, son llamados a ser amor y oración. El diablo desea el desasosiego y el desorden, pero ustedes, hijitos, sean el gozo de Jesús Resucitado que murió y resucitó por cada uno de ustedes.*

## Reflexión de hoy: "Discerniendo las luces engañosas"

En el camino de la vida cristiana, hay que aprender de María y saber discernir entre la verdadera luz –que procede de Dios– y las falsas luces del engaño que proceden del maligno, también llamado Lucifer.

El Nuevo Testamento nos advierte sobre Lucifer, especialmente cuando el apóstol san Pablo afirma: "Satanás mismo se disfraza de ángel de luz" (2 Corintios 11, 14).

Asimismo, la Reina de la Paz nos advierte acerca de que "el diablo desea el desasosiego y el desorden". Y nos anima a discernir todo lo que se mueve en nuestro interior para poder expulsar, por medio de la oración, toda forma de oscuridad, desorden y desasosiego que procede del maligno.

Dios creó a todos los ángeles para compartir su felicidad eterna. Pero una parte de ellos se rebeló contra Dios. Como dijo Juan Pablo II: "... ángeles llamados a declararse en favor de Dios o contra Dios mediante un acto radical e irreversible de adhesión o de rechazo de su voluntad de salvación"[16].

Esto nos ayuda a comprender como este ángel, que había sido creado para llevar la luz de Dios —a causa de la soberbia y la rebelión contra Dios—, no solo dejó de ser portador de luz, sino que, además, se volvió oscuridad y, llenándose de odio hacia Dios y hacia los hombres, se transformó en portador de oscuridad, de falsas luces y de confusión.

Jesús llega a decir: "Y si la luz que hay en ti ha llegado a ser oscuridad, ¡cómo será de tenebrosa tu parte más oscura!" (Mateo 6, 23); tal vez pronunció estas palabras también pensando en Lucifer y en las tácticas malignas que usa con el género humano.

Para poder comprender las diferencias entre las falsas luces de las tentaciones y la verdadera luz de Dios, nos será de utilidad tomar el ejemplo de un barco que —navegando en un océano tormentoso— está llegando a buen puerto. Pero, para poder llegar y anclar sin quedar varado en los arrecifes de la orilla o en algún banco de arena, el

---

16  Audiencia General, 30 de julio de 1986.

timonel que lo guía solo debe hacer caso y seguir la luz del faro que ha sido colocado en el lugar correcto por manos expertas, a fin de conducir el barco hacia las aguas tranquilas, profundas y seguras de ese puerto.

Si, en cambio, el timonel se dejase guiar por otras luces, por ejemplo, las luminarias de los edificios costeros, entonces sucedería un desastre porque terminaría encallando y perdiéndose no solo a sí mismo, sino también a quienes lleva a bordo.

¡Cuántas veces en nuestra vida también nosotros hemos seguido las falsas luces que, como fuegos fatuos, se encienden en nuestra imaginación!; entonces no nos abocamos a seguir con energía el faro de felicidad que quiere indicarnos el proyecto de Dios.

¡Cuántas veces también nosotros hemos oído y seguido los "cantos de sirenas" de malos consejos o de decisiones equivocadas, en lugar de oír en nuestros corazones la amorosa voz de Dios...!

¡Cuántas veces seguimos luces artificiales representadas en los consejos de falsos maestros, que nos llevaron a chocar contra el sinsentido de la vida y terminamos sumidos en la desconfianza hacia todo y hacia todos, con el alma llena de tristeza y desesperanza...!

A esto se refiere el siguiente mensaje que dio la Madre de Dios en Medjugorje: "Queridos hijos, entréguenme por completo sus corazones. Permítanme conducirlos a mi Hijo, que es la verdadera paz y felicidad. No permitan que el brillo falso que los rodea y que les es ofrecido los engañe. No permitan que Satanás reine sobre ustedes con la paz y felicidad falsas. ¡Vengan a mí, estoy con ustedes!" (2-10-03).

Hoy es un buen día para comenzar de nuevo discerniendo entre las luces del "no ser" y la Luz de la Vida.

Hoy es el día para pedirle a Dios la gracia de caminar en todo momento en la luz de su verdad.

Hoy es el día para pedirle a la Virgen María que –al contemplar su modo de vivir en la tierra– crezca en nosotros el deseo de imitar su amor, su humildad y su actitud de servicio comprometido en la Iglesia y en la sociedad.

## Oración

*Amado Jesús, tú eres la verdadera luz, por eso, hoy*
*quiero dejarme iluminar por ti y pedirte perdón por*
*las veces que me he dejado deslumbrar*
*por los centelleos atractivos del enemigo.*
*Perdóname por haber perdido el tiempo*
*y las gracias que me concediste.*
*Reina de la Paz, hoy te pido que,*
*con el poder de tu intercesión, expulses de mi vida*
*toda sombra y oscuridad que el maligno haya*
*sembrado en mi vida y que haya estado escondida*
*debajo de una máscara de luz.*
*Jesús, quiero ser todo tuyo*
*y de tu Madre Reina de la Paz. Amén.*

## Oración final para cada día

*Padre del cielo, en nombre de tu Hijo Jesucristo
y por la intercesión de María Reina de la Paz,
pongo en tus manos a todos tus hijos
que habitamos esta tierra,
especialmente a los más necesitados
de tener una experiencia de tu amor
y de tu divina misericordia. Que así sea.*

## Bendición final

*Que en este día nos bendiga Dios, que es Padre, Hijo
y Espíritu Santo. Amén.*

---

*"La Virgen guardaba estas cosas en su corazón". Toda su vida se puede resumir en estas pocas palabras. Vivía en su corazón, a tal profundidad, que la mirada humana no la puede seguir del todo.*

(Santa Isabel de la Trinidad).

## 21° Día: "Salir de la rutina"
# Preparación para consagrarse a Dios con la intercesión de la Reina de la Paz

---

### Oración inicial para cada día

*Santísima Trinidad, Padre, Hijo y Espíritu Santo,*
*tu luz me envuelve y me protege;*
*a la vez que el amor de la Reina de la Paz me rodea.*
*Tu luz, Señor, guía mis pasos en este día,*
*y con su resplandor echas fuera*
*las tinieblas de mi alma,*
*de mi familia, de la Iglesia y cada rincón*
*de mi país y de toda la tierra.*
*Madre de Jesús y Madre nuestra,*
*nos unimos a ti en oración de intercesión,*
*pidiendo a Dios que disipe*
*hasta la más espesa oscuridad*
*para que ya no regrese –ni siquiera–*
*la más pequeña sombra de mal. Amén.*

### Texto bíblico para meditar. Mateo 4, 16

*La gente que vivía en la oscuridad ha visto una luz muy grande; una luz ha brillado para los que viven en lugares de sombras de muerte.*

## Del Mensaje de la Reina de la Paz del 25 de diciembre de 1999

*¡Queridos hijos!... Expulsen toda tiniebla fuera de sus corazones y permitan a la Luz de Dios y al amor de Dios entrar en sus corazones y permanecer para siempre. Sean portadores de la Luz y del amor de Dios para toda la humanidad, de manera que todos a través de ustedes puedan sentir y experimentar la verdadera luz y el amor que solo Dios puede darles. Los bendigo con mi bendición maternal.*

## Reflexión de hoy: "La luz de Dios nos libera de la rutina"

Hemos llegado al día veintiuno de nuestra preparación para la consagración y juntos hemos recorrido más de la mitad del camino de la luz, acompañados de la intercesión de Nuestra Madre la Virgen Santísima.

A algunos puede haberles sucedido que, con el pasar de los días y después de un entusiasmo inicial, hayan ido entrando gradualmente en la rutina. Esto puede ocurrir no solo en la oración, sino también en otras dimensiones de la vida.

Para muchas personas la rutina pudo haberse convertido en el "precementerio" de un trabajo, de una vocación (matrimonio o sacerdocio), de un servicio eclesial, y hasta de las ganas de vivir.

Muchos católicos que –en los primeros tiempos–, al leer los mensajes de la Reina de la Paz, los recibían con mucho fervor, han ido entrando progresivamente en la rutina del acostumbramiento y ya no los meditan con el corazón para transformarlos en vida.

La rutina y el acostumbramiento nos van despojando gradualmente de la capacidad de asombro y de una vida plena y luminosa, llevando a que algunos católicos se justifiquen a sí mismos para no salir de sus áreas de comodidad y que se autoconvenzan de las propias mentiras.

Hay grupos de católicos piadosos que, aun peregrinando a Medjugorje, al regresar a sus países y a sus casas, han preferido permanecer en su "zona de confort", es decir: en "el área de comodidad" para no adentrarse en la auténtica espiritualidad del camino de los mensajeros de la paz.

En general, son grupos sociales de buenas personas religiosas, que rezan el rosario, participan de la santa misa, realizan actividades piadosas y hasta organizan retiros o peregrinaciones. Sin embargo, cuando el Señor –a través de sus pastores– les dice como a Pedro: "navega mar adentro" (Lucas 5, 4), ellos se sienten heridos y ofendidos, sin llegar a reconocer que esa susceptibilidad e hipersensibilidad pueden proceder de heridas de la infancia que aún no han sido identificadas y sanadas; por lo tanto, prefieren culpar a los demás y quedarse en la orilla, en ese espacio cómodo de amigas "piadosas" que forman una relación simbiótica, que no les exige mayor trasformación, cambio y crecimiento.

También existen los que se denominan católicos con "oído selectivo", pues se han acostumbrado a una versión muy dulcificada del Evangelio de Jesucristo y no incorporan en la vida aquellas exigencias de las enseñanzas de

Nuestro Señor, que les pueden parecer incomodas. Y lo mismo hacen con los mensajes de la Reina de la Paz. Por eso, en diferentes momentos, Nuestra Madre ha repetido con rostro entristecido: "Ustedes leen mis mensajes, pero no los viven".

Jesús se refiere así a esta categoría de personas: "Miran, y no ven; oyen, pero no escuchan ni entienden" (Mateo 13, 13).

Nuestro Señor también ha sido y es muy exigente cuando afirma: "El que pone la mano en el arado y mira hacia atrás, no sirve para el Reino de Dios" (Lucas 9, 62); seguramente más de uno se habrá sentido incomodado y hasta molesto por esas palabras de Nuestro Señor.

Sin embargo, estas palabras son pronunciadas por el amor que Dios nos tiene, ya que quiere sacudirnos de la tibieza y la acomodación que nos roba el poder espiritual, y que incluso hasta puede llegar a poner en riesgo nuestra salvación eterna.

San Ignacio de Loyola –sintiendo la obligación ante Dios de ser fiel a lo que él nos pide– invita a construir nuestra vida con el eje transversal del *magis*, es decir, dando el máximo de nosotros mismos, dejando la mentalidad religiosa de acomodación propia de nuestro tiempo y la mentalidad infantil, que se conforma con el *minimum*.

Jesús conocía el potencial que aún no habían desarrollado quienes estaban junto a él y –por el amor que les tenía– pronunciaba las palabras que leemos en Juan 6, 61 y 66, sabiendo la reacción que suscitaría en algunos de ellos: "Jesús se dio cuenta de que sus discípulos criticaban su discurso y les dijo: '¿Les desconcierta lo que he dicho?'.

A partir de entonces muchos de sus discípulos se volvieron atrás y dejaron de seguirlo".

Pero este relato –en sí doloroso para quienes, al apartarse del grupo inicial de los discípulos, se perderían las bendiciones que llegarían en el momento oportuno– tiene un hermoso corolario, ya que –como leemos en Juan 6, 67 y 68– el Señor les dio la libertad también a quienes se quedaron para que decidieran qué camino querían seguir, lo cual puso a prueba a aquellos que, como Pedro, caminaban en el sendero del verdadero amor y fidelidad: "Jesús preguntó a los Doce: '¿Quieren marcharse también ustedes?'. Pedro le contestó: 'Señor, ¿a quién iríamos? Tú tienes palabras de vida eterna'".

Por eso, pienso que en este punto del camino hacia la consagración –para que vuelva a brillar esa intensa luz en los lugares de sombra de nuestro interior– es necesario dedicar la oración del día de hoy a renovar la conciencia de la presencia de Dios y de su Madre en nuestra vida para distinguir la trampa diabólica de la falsa piedad y para decidir si queremos dejarnos convertir de verdad, en un nivel más profundo.

Ya lo había advertido santa Catalina de Siena, al ver en su época el modo de vivir de muchos que se llamaban cristianos, fueran obispos, sacerdotes, religiosas o laicos: "Basta de silencios, griten con cien mil lenguas, que por haber callado el mundo está podrido". Y cuando una persona no crece, cuando una comunidad religiosa o un grupo de laicos no se expande, entonces cabe preguntarse sinceramente si Dios está satisfecho con el ser y el hacer de esa persona, de esa congregación o diócesis, o de ese grupo... no sea que estén haciendo surcos en las aguas.

El camino de consagración debería llevarnos –como opina un amigo– a "cambiar el chip" en nuestro modo de pensar, de hablar y de actuar. No podemos decir una cosa y luego hacer otra, pues ya sabemos que Satanás es padre de la mentira (Juan 8, 44), por eso, Jesús advierte: "Digan sí cuando es sí, y no cuando es no; cualquier otra cosa que se le añada, viene del demonio" (Mateo 5, 37).

Jesús pronuncia algunas frases que para nuestra mentalidad actual pueden sonar políticamente incorrectas: "No basta con decirme: ¡Señor!, ¡Señor!, para entrar en el Reino de los Cielos; más bien entrará el que hace la voluntad de mi Padre del Cielo" (Mateo 7, 21). Y estas palabras –aunque fuertes– también son motivadas por el amor salvífico que él nos tiene.

No lo dudemos: la rutina, la acomodación y el acostumbramiento están entre las armas preferidas de Satanás, y las usa frecuentemente con aquellos católicos que se instalan en su comodidad y que han perdido la capacidad de dejarse interpelar, de razonar y de dialogar.

## Tiempo de meditación personal para renovar la santa presencia

*"Tu luz me envuelve, tu luz me rodea*
*y me protege, tu luz guía mis pasos*
*a lo largo de este día".*

Los puntos suspensivos al final de cada frase marcan, por un espacio de tiempo, el fin de la lectura, el inicio del diálogo con Dios o con la Virgen, la apertura serena y receptiva al Santo Espíritu de Dios (la duración de este espacio variará para cada orante, según la necesidad y la sed espiritual de cada uno).

Hacemos en este momento una pausa y dedicamos el tiempo necesario a experimentar la presencia y la paz de Dios...

Tomamos conciencia de que somos una creación de Dios y nos dejamos envolver por la paz y el amor de Dios y la ternura de su Madre...

Permitimos que crezca en nuestro interior la acción de gracias hacia ellos, por el don de nuestra vida...

Descansamos en el pensamiento de que hemos sido creados a imagen y semejanza de Dios, y que, en este tiempo sagrado de encuentro con Dios, su Espíritu viene a restaurar esa semejanza...

En este tiempo sagrado de oración, nuestro cuerpo, mente y espíritu reposan en la presencia de Dios y dejamos ir cualquier sentimiento o pensamiento que impida abrirnos a la verdad y a la paz de Dios...

Respiramos profundamente e inhalamos, como lo hicieron nuestros primeros padres, del aliento de Dios, manantial infinito de paz...

Al respirar desde la fe y desde el amor, el Santo Espíritu de Dios gusta de la experiencia de como nuestro espíritu y emociones son restauradas percibiendo un aumento de gozo...

Nos dejamos guiar por el soplo de Dios, como si él nos llevase de la mano hacia lo más íntimo de nuestro ser para que descubramos la belleza que hay en nosotros y podamos asumir una conciencia creciente de la paz de Dios en nosotros...

Inmersos en la luz y en la paz de Dios que en estos momentos nos está recreando, nos sentimos amados y seguros...

En el refugio de los brazos de Dios e inundados de la paz que él va insuflando en nuestro ser, soltamos cualquier pensamiento equivocado, pesimista o negativo...

En el refugio de los brazos de Dios e inundados de su amor, le entregamos cualquier enojo o falta de perdón...

Mientras que le entregamos todo lo que nos ha llevado al acostumbramiento o a la rutina en la unión con él o en algún área de nuestra vida, pedimos la intercesión de la Virgen María para recibir una nueva efusión del Santo Espíritu de Dios y una nueva comprensión del valor de nuestra vida y de nuestra misión...

Nos colmamos de compasión hacia nosotros mismos y hacia las personas que Dios ha puesto en el camino de nuestra vida...

Pensamos como –durante la jornada– tendremos que llevar la luz de Dios y el amor de la Reina de la Paz a quienes estén a nuestro alrededor, especialmente a quienes viven como en sombras de muerte...

Centrada la atención en Dios y con la conciencia de su infinito amor y poder, confiamos en que a partir de ahora podemos enfrentar cualquier circunstancia de la vida con esperanza, valor y fortaleza...

## Oración
*Virgen Santísima, intercede por mí
para que el Señor selle todo mi ser con el infinito amor
que fluye desde la llaga de su divino corazón...
Reina de la Paz, intercede por mí
para que la unción que he recibido del Santo Espíritu,
durante este sagrado tiempo de oración,
no me sea arrebatada por el maligno a través
de la rutina, el acostumbramiento, la tibieza,
la ambigüedad y falta de sinceridad, ni por las
situaciones conflictivas de la vida. Amén.*

## Oración final para cada día
*Padre del cielo, en nombre de tu Hijo Jesucristo
y por la intercesión de María Reina de la Paz,
pongo en tus manos a todos tus hijos
que habitamos esta tierra,
especialmente a los más necesitados
de tener una experiencia de tu amor
y de tu divina misericordia. Que así sea.*

**Bendición final**

*Que en este día nos bendiga Dios, que es Padre, Hijo y Espíritu Santo. Amén.*

---

*Si se levanta la tempestad de las tentaciones, si caes en el escollo de las tristezas, eleva tus ojos a la Estrella del Mar: ¡invoca a María!*

(San Bernardo de Claraval).

## 22° Día: "El Buen Camino"
# Preparación para consagrarse a Dios con la intercesión de la Reina de la Paz

### Oración inicial para cada día
*Santísima Trinidad, Padre, Hijo y Espíritu Santo,*
*tu luz me envuelve y me protege;*
*a la vez que el amor de la Reina de la Paz me rodea.*
*Tu luz, Señor, guía mis pasos en este día,*
*y con su resplandor echas fuera*
*las tinieblas de mi alma,*
*de mi familia, de la Iglesia y cada rincón*
*de mi país y de toda la tierra.*
*Madre de Jesús y Madre nuestra,*
*nos unimos a ti en oración de intercesión,*
*pidiendo a Dios que disipe*
*hasta la más espesa oscuridad*
*para que ya no regrese –ni siquiera–*
*la más pequeña sombra de mal. Amén.*

### Texto bíblico para meditar. 1 Pedro 5, 7-9
*Depositen en él todas sus preocupaciones,*
*pues él cuida de ustedes.*
*Sean sobrios y estén vigilantes, porque su enemigo,*
*el diablo, ronda como león rugiente buscando*

*a quién devorar. Resístanle firmes en la fe, sabiendo que nuestros hermanos en este mundo se enfrentan con sufrimientos semejantes.*

## Del Mensaje de la Reina de la Paz del 25 de febrero 1992

*¡Queridos hijos! Hoy los invito a que se acerquen a Dios aún más a través de la oración. Solo así podré yo ayudarlos y protegerlos de cualquier ataque satánico. Yo estoy con ustedes e intercedo por ustedes ante Dios, a fin de que él los proteja. Pero para ello necesito de sus oraciones y también de su sí. Ustedes se pierden fácilmente en las cosas materiales y humanas, y olvidan que Dios es su mejor Amigo. Por eso, mis queridos hijos, acérquense a Dios para que él los proteja y para que él los preserve de todo mal. ¡Gracias por haber respondido a mi llamado!*

## Reflexión de hoy: "Sigamos su luz y no nos perderemos"

Cuando se conduce un automóvil durante la noche –por una ruta en medio del campo–, uno se encuentra rodeado por la densa oscuridad, con el camino tan solo iluminado ligeramente por el reflejo de la luna y alguna que otra luz que procede de alguna casa a la vera del camino, y que parece como perdida en medio del campo. Luz insuficiente para iluminar el trayecto.

Solo las luces en buen estado del automóvil y el sentido de la orientación del conductor le permiten observar el camino y saber hacia dónde dirigirse, a fin de no perder el rumbo, salirse de la ruta u ocasionar un accidente. Por lo tanto, las luces y el sentido de orientación son esenciales para poder avanzar y llegar a destino.

Cuando el automóvil ya se va acercando a una ciudad, el piloto comienza a ver las luces de la localidad y, cuanto más se acerca, con mayor claridad puede distinguir el camino y todo lo que hay alrededor.

Así también, la oración hecha con el corazón, la reflexión sobre los sucesos cotidianos y el discernimiento sobre el porqué de nuestras emociones positivas y negativas, son una conjunción de luces para nuestra cotidianeidad, que nos indican el trayecto por seguir en cada tramo del camino diario, sabiendo distinguir los peligrosos baches o cualquier situación inesperada que pudiese atravesarse en el transcurso de nuestra vida, produciendo alguna clase de confusión y dolor.

Dios es la luz que desea guiar cada uno de nuestros pasos, entreguémonos cada día a él, como lo hizo la Virgen Santísima, aprendiendo a confiar en él, quien sabe qué es lo que más nos conviene para cada momento del camino de esta vida.

## Oración

*Virgen María, Reina de la Paz y de la luz,*
*hoy te pido que intercedas por mí y por toda la Iglesia,*
*a fin de que, abriéndonos a la irradiación de*
*Cristo Jesús, sepamos trasmitirla a todos nuestros*

*hermanos y enseñarles a seguir el camino
que lleva a la vida plena y abundante. Amén.*

## Oración final para cada día

*Padre del cielo, en nombre de tu Hijo Jesucristo
y por la intercesión de María Reina de la Paz,
pongo en tus manos a todos tus hijos
que habitamos esta tierra,
especialmente a los más necesitados
de tener una experiencia de tu amor
y de tu divina misericordia. Que así sea.*

## Bendición final

*Que en este día nos bendiga Dios, que es Padre, Hijo
y Espíritu Santo. Amén.*

---

*María es una madre que no siempre lleva al hijo sobre el camino "seguro", porque de esta manera no puede crecer. Pero tampoco solamente sobre el riesgo, porque es peligroso. Una madre sabe equilibrar estas cosas*

(Papa Francisco).

## 23° Día: "Levántate y resplandece"
# Preparación para consagrarse a Dios con la intercesión de la Reina de la Paz

### Oración inicial para cada día
*Santísima Trinidad, Padre, Hijo y Espíritu Santo,*
*tu luz me envuelve y me protege;*
*a la vez que el amor de la Reina de la Paz me rodea.*
*Tu luz, Señor, guía mis pasos en este día,*
*y con su resplandor echas fuera*
*las tinieblas de mi alma,*
*de mi familia, de la Iglesia y cada rincón*
*de mi país y de toda la tierra.*
*Madre de Jesús y Madre nuestra,*
*nos unimos a ti en oración de intercesión,*
*pidiendo a Dios que disipe*
*hasta la más espesa oscuridad*
*para que ya no regrese –ni siquiera–*
*la más pequeña sombra de mal. Amén.*

### Texto bíblico para meditar. Isaías 60, 1
*¡Levántate, resplandece, porque llega tu luz y la gloria del Señor brilla sobre ti!*

## Del Mensaje de la Reina de la Paz del 2 de junio de 2017

*¡Queridos hijos! Mi corazón materno desea que ustedes, apóstoles de mi amor, sean pequeñas luces del mundo; que iluminen allí donde las tinieblas desean reinar: que con la oración y el amor muestren el camino correcto.... Yo estoy con ustedes. ¡Les doy las gracias!*

## Reflexión de hoy: "Iglesia, ¡levántate y resplandece!"

**Primera palabra para meditar: "¡Levántate...!".**

- Al levantarnos esta mañana, ¿nos detuvimos un momento a pensar lo maravilloso que es nuestro cuerpo, obra perfecta creada por Dios desde el vientre materno?: "Tú creaste mis entrañas, me plasmaste en el seno de mi madre" (Salmo 139, 13).
- Al levantarnos esta mañana, el Señor nos miraba con amor: "Tú sabes si me siento o me levanto; de lejos percibes lo que pienso" (Salmo 139, 2).
- Al levantarnos esta mañana, ¿nos encomendamos a la protección y guía de Nuestra Madre, la Virgen Santísima?
- La mirada de Dios y de María quiere ofrecerte la perspectiva de una jornada llena de esperanza y alegría.

Esta conciencia de la presencia y de la mirada de Jesús y de su Madre puede ser de gran ayuda revitalizadora para quienes cada mañana encuentran dificultad para levantarse con energía y prontitud; para quienes por la mañana se sienten asaltados por pensamientos oscuros que tienden a frenarlos y a crear un lastre mental y emocional, lo cual puede llegar a repercutir en todas las actividades de la jornada. En ese caso, entonces se pueden grabar en la memoria las siguientes palabras: "Te doy gracias porque fui formado de manera tan admirable. ¡Qué maravillosas son tus obras!" (Salmo 139, 14). Y repetirlas cada mañana al despertar para glorificar a Dios por su acción salvífica en cada uno y en la creación entera.

**Segunda palabra para meditar: "¡Resplandece...!".**

- ¡Resplandece...! es un mandato del Señor para este día. Brillar, relucir, fulgurar, destellar, irradiar...son, entre otros, sinónimos del verbo resplandecer. Para poder hacerlo, debemos decirle algo así: "Si tú, Señor, que eres la luz, no me llenas de ella, no podré resplandecer, pero si, en cambio, me colmas de tu luz, podré brillar para ver en tu luz cada paso del camino de este día y para iluminar a aquellas personas que necesitan de tu luz".
- El que estemos colmados de este resplandor divino era el anhelo del papa Juan Pablo II para nuestro pueblo y para cada uno de nosotros, manifestado de manera particular en sus palabras: "¡Cómo pido a Dios que la Argentina camine en la luz de Cristo! ¡Caminen firme, decididamente, el Señor los tiene de la mano y los iluminará con su luz para que sus pies no tropiecen!" (cf. Salmo 91 [90], 12).

**Terceras palabras para meditar: "Llega tu luz...".**
- Renunciemos a los miedos que anidan en nuestro corazón "... llevando cautivo todo pensamiento a la obediencia a Cristo" (2 Corintios 10, 5) y confiemos en el Señor y en su promesa: lo mejor está por llegar, lo más hermoso aún no lo hemos vivido, ya está llegando la luz del Señor. Este día puede ser, en muchos aspectos, mejor que el día de ayer.
- Qué importante será que en los momentos en que surjan dificultades no desesperemos, no nos angustiemos, sino que, respirando profundamente y manteniéndonos serenos, le pidamos al Señor: "Que llegue tu luz, Señor, que llegue tu luz". Entonces se abrirán sendas nuevas donde antes solo había obstáculos, caerán las trabas, los bloqueos e impedimentos.

**Cuartas palabras para meditar: "¡La gloria del Señor brilla sobre ti!".**
- ¿Qué quiere decir que la gloria del Señor brillará a lo largo de este día sobre nosotros? Quiere decir que, si comenzamos la jornada entrando en comunión con el Amado, si abrimos el día dejándonos amar por él y consagrando todo nuestro ser, entonces podremos tener la experiencia de la gama que describen todos los sinónimos del término "gloria": encanto, perfección, gusto, deleite, delicias, satisfacción, goce, agrado...etc.
- Qué hermoso será aplicar todos estos matices que describen lo que significa tener un día glorioso, y que no solo esta jornada, sino cada momento de nuestras vidas, desborden de esa perfección, gozo y delei-

te que surge de movernos y vivir en la gloria de Dios. "En efecto, en él vivimos, nos movemos y existimos, como muy bien lo dijeron algunos poetas de ustedes: 'Nosotros somos también de su raza'. Y si nosotros somos de la raza de Dios..." (Hechos 17, 28-29).

## Oración del cuerpo

### Levantarse y respirar con los dos pulmones
*Respiremos profundamente y alabemos a Dios
por los pulmones y por el aire que nos brindan.
Pidamos con nuestras palabras respirar el día
intensamente, gustando de todo aquello
que debemos realizar.*

### Caminar con ambas piernas
*Pidámosle a la Virgen Santísima que guíe
nuestros pasos por los caminos de la bondad
y de la misericordia.
Roguémosle a Dios la gracia de realizar
todo lo que él nos pide con energía y entusiasmo,
no como quien arrastra las piernas y la vida.
Aun cuando alguien tenga problemas físicos o
motrices en las piernas, debe entregarlas a Dios
y alabarlo por ellas, suplicándole que las toque,
las sane y que guíe sus pasos en el día de hoy
y siempre.*

### Contemplar con los dos ojos
*Es decir: miremos lo más bello de la vida y de
las personas que están junto a nosotros. No nos*

*detengamos en las miserias y debilidades que podamos encontrar.
Esforcémonos por ver con la mirada de Dios en profundidad.*

### Escuchar con ambos oídos

*No tengamos oído selectivo, como los que solo escuchan de sus hermanos o de Dios lo que les gusta o lo creen que les conviene... y, ante otras palabras del Señor o pedidos de las personas que los necesitan, se hacen los sordos. Pidámosle al Señor un oído atento a su palabra –semejante a la actitud de María– para poder así comunicarnos de un modo más profundo con quienes encontremos a lo largo de este día.*

### Abrazar a nuestros prójimos con los dos brazos

*Los brazos y las manos deben ser una bendición para poder ayudar y asistir a quienes necesiten de ellos. Imaginemos cómo María abrazaba al niño Jesús. A partir de ahora, abracemos, acariciemos, tendamos la mano honestamente, ofrezcamos el pan y nuestro servicio en aquellas obras que vienen del Señor y que son para él y para su pueblo. Preguntémonos y preguntemos a Jesús: "¿Qué puedo entregar/dedicar del tiempo que me das?", "¿Qué puedo compartir/donar del dinero y de los bienes que me das?", "¿Qué puedo ofrecer/proporcionar de las capacidades y talentos que me das?". Hagámoslo con la seguridad de que, por lo que demos de corazón, el Señor nos retribuirá el ciento por uno.*

### Amar con todas las capacidades del corazón
*Es muy corta la vida para no dejarse amar
y para amar a medias. Permitamos que
las áreas de nuestro corazón que estaban
como dormidas se despierten y que todo nuestro
ser alabe y bendiga el Santo Nombre de Dios.
Cada latido de mi corazón te dice, mi dulce Señor:
te amo, te amo con todo el corazón, Señor.*

### Oración final para cada día
*Padre del cielo, en nombre de tu Hijo Jesucristo
y por la intercesión de María Reina de la Paz,
pongo en tus manos a todos tus hijos
que habitamos esta tierra,
especialmente a los más necesitados
de tener una experiencia de tu amor
y de tu divina misericordia. Que así sea.*

### Bendición final
*Que en este día nos bendiga Dios, que es Padre, Hijo
y Espíritu Santo. Amén.*

---

*El nudo de la desobediencia de Eva fue desatado
por la obediencia de María; lo que ató la virgen
Eva por la incredulidad, la virgen María lo desató
por la fe*

(San Ireneo).

## 24° Día: "Sabiduría"
# Preparación para consagrarse a Dios con la intercesión de la Reina de la Paz

### Oración inicial para cada día

*Santísima Trinidad, Padre, Hijo y Espíritu Santo,
tu luz me envuelve y me protege;
a la vez que el amor de la Reina de la Paz me rodea.
Tu luz, Señor, guía mis pasos en este día,
y con su resplandor echas fuera
las tinieblas de mi alma,
de mi familia, de la Iglesia y cada rincón
de mi país y de toda la tierra.
Madre de Jesús y Madre nuestra,
nos unimos a ti en oración de intercesión,
pidiendo a Dios que disipe
hasta la más espesa oscuridad
para que ya no regrese –ni siquiera–
la más pequeña sombra de mal. Amén.*

### Texto bíblico para meditar. Sabiduría 7, 7. 10-12

*Oré y me fue dada la inteligencia; supliqué, y el espíritu de sabiduría vino a mí... La amé más que a la salud y a la belleza, incluso la preferí a la luz del sol, pues su claridad nunca se oculta. Junto con ella me llegaron todos los bienes: sus manos estaban repletas de riquezas incontables.*

## Del Mensaje de la Reina de la Paz del 25 de mayo de 2001

*¡Queridos hijos! En este tiempo de gracia los invito a la oración. Hijitos, trabajan mucho, pero sin la bendición de Dios. Bendigan y busquen la sabiduría del Espíritu Santo para que los guíe en este tiempo, a fin de que comprendan y vivan en la gracia de este tiempo.*

## Reflexión de hoy: "Pidiendo la sabiduría del Espíritu Santo"

Nos dice la Palabra de hoy: "Oré y me fue dada la inteligencia; supliqué, y el espíritu de sabiduría vino a mí...".

Seguramente, a lo largo de nuestra vida, hemos tenido maestros y profesores que nos han enseñado toda clase de ciencias y materias. Sin embargo, estrictamente hablando, solo podemos dar el título de "Maestro" –con total autoridad– a Cristo Nuestro Señor, quien afirma: "no se dejen llamar Maestro, porque no tienen más que un Maestro, y todos ustedes son hermanos" (Mateo 23, 8).

Esto es así porque él es el MAESTRO con mayúscula, que nos colma de la verdadera sabiduría, enseñándonos a "cursar" con éxito la materia de la vida.

El Padre, Jesús y el Santo Espíritu nos enseñan el modo para vivir en paz con nosotros mismos y con nuestros prójimos, siendo sembradores a nuestro alrededor, de salud, alegría y gozo.

También podemos llamar "Maestra" a la Virgen María, Madre de Jesús y Madre nuestra, pues en sus mensajes ella nos comparte sus enseñanzas para así crecer en la verdadera sabiduría y para avanzar en la vida espiritual, como un camino de transformación integral de las dimensiones de la vida.

Sin embargo, hay muchas personas que tienen un concepto reductivo y muy limitado sobre la inteligencia, pues la circunscriben solamente al ámbito del conocimiento intelectual y la capacidad para retener información.

No deberíamos olvidar que entre los dones del Espíritu Santo se encuentran los dones de sabiduría, ciencia, entendimiento, consejo, y, como nos dice el profeta Isaías: "Sobre él reposará el Espíritu de Yahvé, espíritu de sabiduría e inteligencia" (Isaías 11, 2).

Esta es la sabiduría viva que nos viene del Espíritu del Señor y que colmó de su plenitud a la Virgen María. Esta es la sabiduría que –moviéndose en nosotros– nos enseña a aprender a pensar, a fin de poder abrirnos a los pensamientos verdaderos que nos llenan de vida y de salud.

Esta sabiduría celestial también nos instruye en como deberíamos cerrar las puertas de nuestra mente a los pensamientos tóxicos que nos enferman.

La Virgen María intercede por nosotros y, a través de sus mensajes, nos enseña acerca del don de sabiduría y de entendimiento, así como también sobre el correcto valor de nuestras vidas y del valor de quienes nos rodean.

Esta sabiduría nos enseña la inteligencia práctica de cuándo hablar y qué decir y cuándo callar; qué hacer y qué no hacer. Es la sabiduría que nos advierte donde hay un peligro en el camino y, por lo tanto, cómo actuar.

No obstante, en ocasiones, nos cuesta confiar en esta sabiduría, pues hay quienes en la vida han recibido heridas de desvalorización, especialmente durante la niñez y adolescencia por medio de comparaciones con otras personas, y quizá hasta fueron heridos en su memoria auditiva con palabras o frases denigrantes tales como éstas: "bruto/a", "inútil", "mal alumno", "el peor de…", "nunca vas a cambiar", "eres un burro", etc. Esas palabras u otras similares pudieron haber herido profundamente la autoestima intelectual que alimenta el desarrollo cognoscitivo de la persona, generándole temores, inseguridades y bloqueos.

Algunas personas –al haber sufrido carencias materiales en alguna etapa de la vida–, cuando adquieren un cierto nivel de estabilidad económica, se van transformando progresivamente en esclavas del materialismo extendido en nuestro tiempo y, al ser católicas practicantes, llenan esa inseguridad interior atiborrándose incluso de libros religiosos que luego tal vez ni siquiera leen o que no los comparten con otros, o también con imágenes de santos, estampas, medallas, etc.

Muchas personas pudieron haber perdido el contacto con la sabiduría interior que Dios ha grabado en nuestros genes al ser criaturas suyas, hechas a su imagen y semejanza.

Estas personas necesitan la intercesión de la Virgen Santísima y el poder de Pentecostés, a fin de que las ayuden a despertar o a resucitar la sabiduría e inteligencia que pueden estar dormidas o muertas en su interior.

Algunas de estas personas pudieron haber tratado de cubrir la inseguridad interior con títulos académicos, con logros empresariales, con roles a los que se aferraron compulsivamente, atando incluso a otras personas a sí mismas. Algunas de ellas viven analizando las carreras y títulos de los demás para medirlos según sus pobres parámetros.

Esto no implica desvalorizar los conocimientos intelectuales y la ciencia académica y científica, pues es una herramienta importantísima para el crecimiento humano. Pero tampoco significa sobrevalorarla y endiosarla, como es la tendencia de algunos ámbitos o familias, que la ponen como centro o eje de la personalidad, o la encorsetan en un molde de meros títulos y diplomas.

Algunas de las personas que se han formado con esta idea, o que padecen alguna herida de baja autoestima, hacen esfuerzos indecibles por sobresalir y por recibir reconocimiento de los demás. Necesitan que las elogien para sentirse bien y estar tranquilas, pero aun así dudan de sí mismas y de los elogios que reciben, pues el problema de fondo es que tienen resentida la autoestima.

Sin embargo, debemos confiar en que –por medio de la oración– podemos abrirnos para que el Espíritu Santo sane la imagen que nos hacemos de nuestra inteligencia y de ese modo no tengamos temor de tomar las decisiones acertadas hacia las cuales el Espíritu de Dios nos impulsa; compartiendo humildemente lo que sabemos con los demás y enriqueciéndonos sin cesar con lo que Dios quiere seguir enseñándonos por medio de las otras personas y de los acontecimientos.

Cuando entramos en esta dimensión de discípulos pobres y pequeños de Jesús, Maestro de vida, no solo recibimos la luz del Señor, sino que, además, predisponemos a Dios para que nos brinde todo lo que necesitamos y mucho más, como dice la misma Palabra: "Junto con ella (con la sabiduría) me llegaron todos los bienes: sus manos estaban repletas de riquezas incontables".

Si prestásemos mayor atención a la ternura que contienen los mensajes de la Reina de la Paz, descubriríamos como, con la delicadeza de sus palabras, ella acaricia nuestro corazón y sana las heridas del alma; por ejemplo, cuando nos llama: "queridos hijos", o también nos dice: "gracias por haber respondido a mi llamado".

Expresiones similares encontramos cuando habla con aquellas personas a quienes se les presenta a lo largo de la historia, por ejemplo: a Bernardita en Lourdes, a los niños de Fátima y especialmente a Juan Diego en México.

## Oración

*Señor, tengo fe en que tu sabiduría me ilumina,*
*que con ella me traes ideas nuevas*
*y que me guiarás hacia las decisiones correctas.*
*Me sumerjo en tu claridad*
*y en la paz que de ti proceden.*

*Confío en que la intercesión de María
y la luz de tu Espíritu que mora en mí
me mostrarán el camino correcto que debo tomar
en cada ocasión y en todas las cuestiones.
Me dispongo para recibir la luz de tu divina sabiduría
que viene a iluminarme y a inspirarme.
Quiero abrirme serenamente y ser receptivo
a nuevas ideas
y a una comprensión más profunda
de lo que quieres que haga, de lo que es para tu
mayor gloria y para el bien integral de mi vida
y de la construcción de tu Reino.
Sana mi intelecto y mi autoestima en este nivel,
y afianza en mi corazón una mayor confianza
en la creatividad que reside en mí y que procede de ti.
Guíame con tu claridad a fin de descubrir
la mejor solución para cualquier situación
y llevar a cabo con éxito el propósito
fundamental de mi vida.
Con un corazón agradecido, te doy gracias
porque tu sabiduría y tu guía
siempre están disponibles para mí. Amén.*

## Oración final para cada día

*Padre del cielo, en nombre de tu Hijo Jesucristo*
*y por la intercesión de María Reina de la Paz,*
*pongo en tus manos a todos tus hijos*
*que habitamos esta tierra,*
*especialmente a los más necesitados*
*de tener una experiencia de tu amor*
*y de tu divina misericordia. Que así sea.*

## Bendición final

*Que en este día nos bendiga Dios, que es Padre, Hijo*
*y Espíritu Santo. Amén.*

> *María es una mamá que ayuda a los hijos a crecer y quiere que crezcan bien, por ello, los educa a no ceder a la pereza (que también se deriva de un cierto bienestar) a no conformarse con una vida cómoda que se contenta solo con tener algunas cosas*
>
> (Papa Francisco).

## 25° Día: "Los ángeles de Dios"
# Preparación para consagrarse a Dios con la intercesión de la Reina de la Paz

### Oración inicial para cada día

*Santísima Trinidad, Padre, Hijo y Espíritu Santo,*
*tu luz me envuelve y me protege;*
*a la vez que el amor de la Reina de la Paz me rodea.*
*Tu luz, Señor, guía mis pasos en este día,*
*y con su resplandor echas fuera*
*las tinieblas de mi alma,*
*de mi familia, de la Iglesia y cada rincón*
*de mi país y de toda la tierra.*
*Madre de Jesús y Madre nuestra,*
*nos unimos a ti en oración de intercesión,*
*pidiendo a Dios que disipe*
*hasta la más espesa oscuridad*
*para que ya no regrese –ni siquiera–*
*la más pequeña sombra de mal. Amén.*

### Texto bíblico para meditar. Apocalipsis 18, 1

*Después de esto vi bajar del cielo a otro ángel.*
*Era tan grande su poder que toda la tierra quedó*
*iluminada por su resplandor.*

## Del Mensaje de la Reina de la Paz del 25 de noviembre de 2001

*¡Queridos hijos! En este tiempo de gracia los invito nuevamente a la oración… La inquietud reina en los corazones y el odio rige el mundo. Por eso, ustedes, que viven mis mensajes, sean luz y manos extendidas hacia un mundo sin fe para que todos conozcan el amor de Dios.*

## Reflexión de hoy: "La luz de los ángeles fieles"

Los ángeles de Dios nos acompañan en cada momento de nuestra vida y, especialmente, en este camino de treinta y tres días de intercesión y de preparación para consagrarnos a Dios por las manos de la Virgen Santísima.

Como he mencionado en la introducción de este libro, no es esencial que se lean todos los puntos de la reflexión de hoy, sino que se pueden tomar solo algunos de ellos.

## Quiénes son los ángeles de Dios

Ahora, para poder tener una mayor comprensión de quiénes son los ángeles y para animarnos a crecer en confianza y en amistad con ellos, nada mejor que lo que Dios mismo nos habla de estas sus criaturas por medio de algunas citas de las Sagradas Escrituras contenidas en el Catecismo de la Iglesia Católica (CIC).

Los ángeles son servidores y mensajeros de Dios. Porque –como dice Jesús– contemplan "constantemente el rostro de mi Padre que está en los cielos" (Mateo 18, 10);

son "agentes de sus órdenes, atentos a la voz de su palabra" (Salmo 103, 20) (CIC 329).

Siendo criaturas puramente espirituales, tienen inteligencia y voluntad: son criaturas personales (cf. Pío XII. DS 3891) e inmortales (cf. Lucas 20, 36). Superan en perfección a todas las criaturas visibles. El resplandor de su gloria da testimonio de ello (cf. Daniel 10, 9-12) (CIC 330).

Por lo tanto, pidámosle a nuestro ángel –que contempla continuamente el rostro de Dios– que, en estos días de preparación para la consagración, nos guíe a fin de que con su ayuda podamos acrecentar continuamente nuestra intimidad con Dios y la comprensión de sus planes para nuestra vida.

Cristo es el centro del mundo de los ángeles. Los ángeles le pertenecen: "Cuando el Hijo del hombre venga en su gloria acompañado de todos sus ángeles..." (Mateo 25, 31). Le pertenecen porque fueron creados por y para él: "Porque en él fueron creadas todas las cosas, en los cielos y en la tierra, las visibles y las invisibles, los Tronos, las Dominaciones, los Principados, las Potestades: todo fue creado por él y para él" (Colosenses 1, 16). Le pertenecen más aún porque los ha hecho mensajeros de su designio de salvación: "¿Es que no son todos ellos espíritus servidores con la misión de asistir a los que han de heredar la salvación?" (Hebreos 1, 14) (CIC 331).

Como "mensajero del designio de salvación" del Hijo de Dios, podemos pedirle a nuestro ángel custodio que se comunique con los ángeles custodios de aquellas personas que conocemos y que aún no han tenido la experiencia del amor de Dios para que los ayude en su misión de guiar a esas personas al encuentro de Cristo Jesús.

## De qué se ocupan los santos ángeles

Desde la creación (cf. Job 38, 7), donde los ángeles son llamados "hijos de Dios" y a lo largo de toda la historia de la salvación, los encontramos anunciando, de lejos o de cerca, esa salvación y sirviendo al designio divino de su realización: cierran el paraíso terrenal (cf. Génesis 3, 24), protegen a Lot (cf. Génesis 19), salvan a Agar y a su hijo (cf. Génesis 21, 17), detienen la mano de Abraham (cf. Génesis 22, 11), la ley es comunicada por su ministerio (cf. Hechos 7, 53), conducen el pueblo de Dios (cf. Éxodo 23, 20-23), anuncian nacimientos (cf. Jueces 13) y vocaciones (cf. Jueces 6, 11-24; Isaías 6, 6), asisten a los profetas (cf. 1 Reyes 19, 5), por no citar más que algunos ejemplos. Finalmente, el ángel Gabriel anuncia el nacimiento del Precursor y el de Jesús (cf. Lucas 1, 11. 26) (CIC 332).

De la Encarnación a la Ascensión, la vida del Verbo encarnado está rodeada de la adoración y del servicio de los ángeles. Cuando Dios introduce "a su Primogénito en el mundo, dice: 'adórenlo todos los ángeles de Dios'" (Hebreos 1, 6). Su cántico de alabanza en el nacimiento de Cristo no ha cesado de resonar en la alabanza de la Iglesia: "Gloria a Dios..." (Lucas 2, 14). Protegen la infancia de Jesús (cf. Mateo 1, 20; 2, 13. 19), sirven a Jesús en el desierto (cf. Marcos 1, 12; Mateo 4, 11), lo reconfortan en la agonía (cf. Lucas 22, 43), cuando él habría podido ser salvado por ellos de la mano de sus enemigos (cf. Mateo 26, 53) como en otro tiempo Israel (cf. 2 Macabeos 10, 29-30; 11, 8). Son también los ángeles quienes "evangelizan" (Lucas 2, 10) anunciando la Buena Nueva de la Encarnación (cf. Lucas 2, 8-14), y de la Resurrección (cf. Marcos 16, 5-7) de Cristo. Con ocasión de la segunda venida de Cristo, anunciada por los ángeles (cf. Hebreos 1, 10-11), estos estarán presentes al servicio del juicio del Señor (cf. Mateo 13, 41; 25, 31; Lucas 12, 8-9) (CIC 333).

Hoy podemos preguntarnos:
- ¿En qué aspectos concretos de nuestra vida necesitamos ser ayudados por los ángeles?
- Entreguémosles nuestras peticiones, hablando con ellos como si lo estuviésemos haciendo con viejos amigos.

## Los ángeles en la vida de la Iglesia

Toda la vida de la Iglesia (y cada bautizado es Iglesia) se beneficia de la ayuda misteriosa y poderosa de los ángeles (cf. Hechos 5, 18-20; 8, 26-29; 10, 3-8; 12, 6-11; 27, 23-25) (CIC 334).

En su liturgia, la Iglesia se une a los ángeles para adorar al Dios tres veces santo; invoca su asistencia ("Al Paraíso te lleven los ángeles..." de la liturgia de difuntos, o también en el himno querubínico de la liturgia bizantina) y celebra más particularmente la memoria de ciertos ángeles (san Miguel, san Gabriel, san Rafael, los ángeles custodios) (CIC 335).

Desde su comienzo (cf. Mateo 18, 10) hasta la muerte (cf. Lucas 16, 22), la vida humana está rodeada de su custodia (cf. Salmo 34, 8; 91, 1013) y de su intercesión (cf. Job 33, 23-24; Zacarías 1, 12; Tobías 12, 12). "Cada fiel tiene a su lado un ángel como protector y pastor para conducirlo a la vida" (San Basilio, Eun. 3, 1). Desde esta tierra, la vida cristiana participa, por la fe, en la sociedad bienaventurada de los ángeles y de los hombres, unidos en Dios (CIC 336).

Pidamos ahora la ayuda de los ángeles entregándoles todas las necesidades de la Iglesia y de la sociedad.

Pidamos a los ángeles que entren con poder y autoridad, y llevando la luz resplandeciente de Dios, en aquellos ámbitos donde pueda existir confusión y oscuridad.

## Oración 1

*Reina de la Paz, al invocar tu ayuda intercesora*
*y la de los santos ángeles, me abro a la paz*
*más profunda que ellos me traen de ti y de Dios.*
*Reina de los Ángeles, hoy me siento agradecido*
*porque los ángeles me ayudan a confiar*
*en el cuidado tierno y amoroso que Dios tiene por mí*
*y por cada creatura.*
*Ellos me iluminan y me ayudan a abrir las puertas*
*de mi alma para que durante esta hora de oración*
*pueda crecer en la comprensión de que tú eres,*
*Señor, la expresión de orden que reina*
*en todas partes del universo.*
*Sé que el amor y la protección de los santos ángeles*
*que tú nos envías lo envuelven todo.*
*Al meditar en esta realidad,*
*crecen en mi la confianza y la serenidad.*

*Gracias, querido Dios, por esta compañía tan bella
que me has concedido y que hace brotar en mí
una serenidad preciosa. La paz, dulce paz,
fluye por todo mi ser, y me complazco en el gozo
que me ofrece este momento de oración silenciosa
para intensificar mi amistad contigo y con tus
ángeles.*

## Oración 2

*Santo Dios, Santo Fuerte, Santo Inmortal,
te alabo, te bendigo y te doy gracias,
por habernos dado a los santos ángeles
como compañeros de camino.
Gracias porque ellos me acompañan
en los momentos de soledad.
Gracias porque ellos me consuelan
en los tiempos de aflicción.
Gracias porque ellos me guían
en los períodos de confusión.
Gracias porque ellos vienen a socorrerme con tu luz
en los tiempos de oscuridad.
Por eso hoy, Señor, decido renovar mi amistad
con estos amigos invisibles y poderosos
que tú has querido poner a mi lado para ayudarme.
Enséñame a tener un oído atento a sus consejos
y un espíritu dócil para aceptar
su tarea de dejarme guiar. Amén.*

## Oración final para cada día

*Padre del cielo, en nombre de tu Hijo Jesucristo
y por la intercesión de María Reina de la Paz,
pongo en tus manos a todos tus hijos
que habitamos esta tierra,
especialmente a los más necesitados
de tener una experiencia de tu amor
y de tu divina misericordia. Que así sea.*

## Bendición final

*Que en este día nos bendiga Dios, que es Padre, Hijo
y Espíritu Santo. Amén.*

---

*La humildad y el amor de la Virgen Inmaculada penetraron mi alma. Cuanto más imito a la Santísima Virgen, tanto más profundamente conozco a Dios*

(Santa Faustina).

## 26º Día: "Andar en Victoria"
# Preparación para consagrarse a Dios con la intercesión de la Reina de la Paz

### Oración inicial para cada día
*Santísima Trinidad, Padre, Hijo y Espíritu Santo,
tu luz me envuelve y me protege;
a la vez que el amor de la Reina de la Paz me rodea.
Tu luz, Señor, guía mis pasos en este día,
y con su resplandor echas fuera
las tinieblas de mi alma,
de mi familia, de la Iglesia y cada rincón
de mi país y de toda la tierra.
Madre de Jesús y Madre nuestra,
nos unimos a ti en oración de intercesión,
pidiendo a Dios que disipe
hasta la más espesa oscuridad
para que ya no regrese –ni siquiera–
la más pequeña sombra de mal. Amén.*

### Texto bíblico para meditar. Eclesiástico 50, 6
*Como lucero del alba en medio de nubes, como luna en su plenilunio...*

## Del Mensaje de la Reina de la Paz del 25 de marzo de 2018

*¡Queridos hijos! Los invito a estar conmigo en oración, en este tiempo de gracia, cuando las tinieblas luchan contra la luz. Oren, hijitos, confiésense y comiencen una vida nueva en la gracia. Decídanse por Dios y él los guiará a la santidad, y la cruz será para ustedes signo de victoria y de esperanza. Siéntanse orgullosos de ser bautizados y sean agradecidos en su corazón de ser parte del plan de Dios. ¡Gracias por haber respondido a mi llamado!*

## Reflexión de hoy: "En la luz de Dios obtenemos la victoria"

En este día de camino hacia la consagración, llamemos al Señor y a su Madre como compañeros de camino que han de iluminar toda esta jornada; podemos hacerlo con las palabras de Apocalipsis 22, 20: "Maranatha, ¡ven, Señor Jesús!". Para luego agregar: "Ven, Madre de Jesús y Madre nuestra".

La primera frase del texto bíblico para meditar en el día de hoy es: "Como lucero del alba en medio de nubes...". Lo cual puede llevarnos a reflexionar que también nosotros hemos sido creados por Dios para brillar, incluso cuando las nubes de las contradicciones se atraviesen en el camino.

Por lo tanto, hoy podemos pedir la intercesión de María que quiere ayudarnos a descubrir cuál es nuestro "punto débil". Con este fin, la Palabra de Dios nos enseña a sacar a la luz nuestra fragilidad: "Pusiste nuestras culpas ante ti, nuestros secretos a la luz de tu mirada" (Salmo 89, 7). Por lo cual la Virgen Santísima quiere ayudarnos a identificar y a reconocer aquellos aspectos del temperamento recibido o del carácter adquirido, que son motivo de sufrimiento para uno mismo o para quienes están cerca de nosotros.

Nos tomamos también un tiempo para orar reconociendo y proclamando el poder y el amor del Señor por nosotros. Él tiene la autoridad para transformar nuestro punto débil en un "punto fuerte"; es decir que puede concedernos de su sobreabundancia aquello que nos falta: por ejemplo: transformar la carencia de seguridad y temor en confianza, fortaleza, entusiasmo, creatividad, paciencia, humildad, amabilidad, optimismo, discreción, alegría... y cualquier otra actitud que necesitemos.

Pidámosle ahora que podamos brillar como el lucero del alba, incluso en medio de las nubes que pudieran presentarse durante la jornada.

Nunca olvidemos que a cada una de nuestras dolencias él puede aplicar la medicina exacta. Por eso, busquemos su presencia y abramos nuestras heridas para que él pueda entrar en ellas y aplicar el bálsamo de la misericordia y la justa medicina que puede sanarnos y restaurarnos.

Conversemos con él acerca de lo que nos está produciendo dolor a nosotros o a otras personas por quienes queramos interceder...

Y, como lo hacía el salmista, pidamos para este día que "baje sobre nosotros la bondad del Señor y haga prósperas las obras de nuestras manos" (Salmo 89, 17).

También podemos dedicar un tiempo para proclamar la confianza en la tierna intercesión de la Virgen María; y que, con su ayuda y la de Nuestro Señor Jesucristo, obtengamos la victoria sobre todos los defectos que podamos haber encontrado en nosotros.

Tengamos presente que estos puntos débiles no forman parte de la esencia de nuestro ser, ya que lo propio del ser es ir adquiriendo cada vez más la imagen de Dios y plasmar progresivamente nuestra semejanza con él. Por eso, le pedimos con el salmista: "Por la mañana sácianos de tu misericordia, y toda nuestra vida será alegría y júbilo" (Salmo 89, 14).

Se puede entonar un canto de victoria o una alabanza, o recitar la letra si no se conoce la música, por ejemplo, de:

*Hay victoria, hay victoria en la sangre de Jesús,*
*hay victoria, hay victoria en la sangre de Jesús,*
*no podrá el enemigo dañar nuestras almas,*
*porque hay victoria, porque hay victoria,*
*porque hay victoria en la sangre de Jesús.*

## Oración
*Reina de la paz, yo te busco al comenzar*
*este día y buscaré tu presencia*
*a lo largo de todos los momentos*
*de la jornada porque te necesito.*

*Reina de la paz, intercede hoy por mí
para que Dios me conceda el fuego
del Espíritu Santo que purifique
mi corazón. Amén.*

## Oración final para cada día

*Padre del cielo, en nombre de tu Hijo Jesucristo
y por la intercesión de María Reina de la Paz,
pongo en tus manos a todos tus hijos
que habitamos esta tierra,
especialmente a los más necesitados
de tener una experiencia de tu amor
y de tu divina misericordia. Que así sea.*

## Bendición final

*Que en este día nos bendiga Dios, que es Padre, Hijo
y Espíritu Santo. Amén.*

> *Si yo no tuviera a la Madre de Dios que
> me defiende a cada paso de los peligros del alma,
> ya habría caído en el poder de Satanás*
>
> (San Juan María Vianney).

# 27° Día: "Renueva tu luz"
## Preparación para consagrarse a Dios con la intercesión de la Reina de la Paz

**Oración inicial para cada día**
*Santísima Trinidad, Padre, Hijo y Espíritu Santo,
tu luz me envuelve y me protege;
a la vez que el amor de la Reina de la Paz me rodea.
Tu luz, Señor, guía mis pasos en este día,
y con su resplandor echas fuera
las tinieblas de mi alma,
de mi familia, de la Iglesia y cada rincón
de mi país y de toda la tierra.
Madre de Jesús y Madre nuestra,
nos unimos a ti en oración de intercesión,
pidiendo a Dios que disipe
hasta la más espesa oscuridad
para que ya no regrese –ni siquiera–
la más pequeña sombra de mal. Amén.*

**Texto bíblico para meditar.** Jueces 9, 33
*Por la mañana temprano, apenas brille el sol, entrarás en la ciudad. Y cuando Gaal con su gente salga a enfrentarse contigo, lo tratarás como más convenga.*

## Del Mensaje de la Reina de la Paz del 25 de febrero de 2003

*¡Queridos hijos! También hoy los invito a orar y a ayunar por la paz. Como ya lo he dicho, se los repito también ahora hijitos, solo por la oración y el ayuno incluso las guerras pueden ser detenidas. La paz es un don precioso de Dios, búsquenla, oren y la recibirán. Hablen de la paz, y lleven la paz en sus corazones. Cuídenla como una flor que necesita agua, ternura y luz. Sean quienes llevan la paz a los demás. Estoy con ustedes e intercedo por todos ustedes. ¡Gracias por haber respondido a mi llamado!*

## Reflexión de hoy: "La noche interpersonal"

Si alguien está haciendo este camino de consagración y de oración en su casa, quizás pueda orientar hacia una ventana –por la cual entra la luz– la silla en la que se encuentra sentado. Seguramente –aun con los ojos cerrados– podrá percibir la luz que llega a sus ojos, incluso a través de los párpados.

Entonces pedimos a Dios y a la Reina de la paz: que con la luz que procede del cielo atraviesen las oscuridades de las heridas que pudieron habernos llevado a cerrar el corazón a los aspectos hermosos de la vida o al amor, o a alguna persona en particular.

Reflexionamos durante un momento en el primer versículo de las citas bíblicas de hoy: "Por la mañana temprano, apenas brille el sol".

Comenzando cada día con Jesús y con María, y consagrándoles la primera hora de la jornada, nos llenamos de su luz, de su sabiduría y de sus virtudes, las cuales serán especialmente necesarias para establecer relaciones saludables y armoniosas con los miembros de nuestras familias, con los compañeros de trabajo o de estudio, con los hermanos y las hermanas de la comunidad eclesial en la que participamos, y en general con todas aquellas personas que habremos de encontrar durante todo el día.

- Pedimos al Señor que camine delante de nosotros a lo largo de la jornada…
- Visualizamos los rostros de las personas con quienes sabemos que nos encontraremos y pedimos a Jesús que bendiga esos encuentros…

En este momento podemos reflexionar sobre la segunda parte del versículo: "Entrarás en la ciudad".

Hay lugares en este día a los cuales seguramente sentiremos deseos de ir, pero, en cambio, a otros no, y quizás asistiremos por necesidad u obligación. Por eso, pensemos un momento en aquellas personas que tienen que concurrir a ámbitos laborales donde reina un clima de hostilidad y tensión, o cuando, por problemas de salud, deben acudir a una clínica u hospital y pueden allí percibir el ambiente de preocupación y dolor…

- Trayendo a la mente los lugares donde entraremos, imaginemos que lo hacemos de las manos de Jesús y de María, y que, a través de su contacto amoroso, experimentamos la misma paz y el mismo amor que ellos sienten en esos espacios.

- Contemplamos como incluso los lugares en donde antes había oscuridad se llenan del brillo de la presencia de Dios y de su Madre …

Si hacemos este ejercicio de oración, entonces –al ingresar en esos lugares y al encontrarnos con esas personas– notaremos que algo está cambiando. Y, si los demás no quieren cambiar, nosotros sí estaremos siendo transformados por el poderoso amor de Dios.

Tercera frase bíblica para meditar: "Y cuando Gaal con su gente salga a enfrentarse contigo, lo tratarás como más convenga".

Este versículo se refiere esencialmente a relaciones conflictivas que se ponen en relieve con las palabras "enfrentarse contigo". Sabemos que en algunas oportunidades esto puede suceder con personas que no nos aprecian y que sienten hacia nosotros –con motivo real o sin él– prejuicios, antipatía e incluso odio.

Sin lugar a dudas, lo que yo llamo "la noche interpersonal" sucede por las heridas emocionales que todos cargamos y por la noche espiritual y emocional que mencionaba en las meditaciones de los días anteriores.

Cuando la persona no mantiene una buena relación con Dios y consigo misma, entonces es muy difícil que pueda crear vínculos humanos sanos, armoniosos y estables, lo cual le genera conflictos con sus prójimos, es decir, los que están más cerca.

Muchas veces exigimos el cambio de las otras personas, cuando deberíamos clamar a Dios que nos conceda la gracia para que el cambio comience dentro de nuestro propio corazón de manera que, como dice Nuestro Señor, "...debe brillar ante los ojos de los hombres la luz que hay en ustedes, a fin de que ellos vean sus buenas obras y glorifiquen al Padre que está en el cielo" (Mateo 5, 16).

Terminemos la reflexión de este día compartiendo otras citas bíblicas al respecto, por medio de las cuales podemos pedir a Dios y a la Virgen Santísima luz necesaria para las relaciones interpersonales. Al meditarlas, preguntémosle al Señor qué nos quiere decir a través de cada una de ellas.

- Las buenas obras están a la vista, y las que no lo son, ya se pondrán de manifiesto (1 Timoteo 5, 25).
- Practiquen el bien, sean ricos en buenas obras, den con generosidad y sepan compartir sus riquezas (1 Timoteo 6, 18).
- Los nuestros deben aprender a destacarse por sus buenas obras, también en lo que se refiere a las necesidades de este mundo: de esa manera, su vida no será estéril (Tito 3, 14).
- Velemos los unos por los otros, para estimularnos en el amor y en las buenas obras (Hebreos 10, 24).
- Pidámosle al Señor y a su Madre que nos inspiren y nos guíen en las palabras que debemos decir y en lo que debemos callar.
- Pidámosle al Señor y a la Reina de la Paz que nos concedan sus ojos para mirar a nuestros prójimos como los miran y que nos concedan sonrisas para regalar a cada uno...

## Oración 1

*Señor, haz de mí un instrumento de tu paz:*
*Allí donde haya odio, que yo ponga amor;*
*allí donde haya ofensa, que yo ponga perdón:*
*allí donde haya discordia, que yo ponga unión;*
*allí donde haya error, que yo ponga fe;*
*allí donde haya desesperación,*
*que yo ponga esperanza;*
*allí donde haya tinieblas, que yo ponga luz;*
*allí donde haya tristeza, que yo ponga alegría.*

*Oh, Maestro:*
*que yo no busque tanto ser consolado...*
*como consolar,*
*ser comprendido... como comprender,*
*ser amado... como amar.*
*Porque:*
*es olvidándose... como uno se encuentra,*
*es perdonando... como uno es perdonado,*
*es dando... como uno recibe,*
*es muriendo... como un resucita a la vida.*

## Oración 2

*Tengo sed de ti, Señor, por eso, al levantarme en la mañana, yo clamo a ti, mi Dios. Y, cuando en las noches me retiro a descansar, te necesito junto a mí. Señor, mi mayor deseo a lo largo de este día es vivir en tu presencia, pues, a tu lado, es donde yo quiero habitar. Yo quiero estar cerca de ti, Señor, cada día más y más.*

*Mira en mi interior, Señor, y fíjate que tengo
hambre de ti, hambre de tu divina presencia.
Desde la mañana yo busco tu rostro, necesito que me
toques. Y más que ninguna otra cosa, yo necesito tu
presencia. Estoy desesperado por tu amistad, Señor.
Necesito caminar en tu presencia y que toques mi
alma, mientras que yo busco tu rostro.
Ven, Señor Jesús, porque tengo necesidad de ti.*

## Oración final para cada día

*Padre del cielo, en nombre de tu Hijo Jesucristo
y por la intercesión de María Reina de la Paz,
pongo en tus manos a todos tus hijos
que habitamos esta tierra,
especialmente a los más necesitados
de tener una experiencia de tu amor
y de tu divina misericordia. Que así sea.*

## Bendición final

*Que en este día nos bendiga Dios, que es Padre, Hijo
y Espíritu Santo. Amén.*

*Cristo, el sol divino estaba protegido por la nube, la Virgen María, y emitía sus rayos de oro, a través de los ojos y del semblante de su Madre*

(San Antonio de Padua).

## 28° Día: "Liberación de los temores"
# Preparación para consagrarse a Dios con la intercesión de la Reina de la Paz

### Oración inicial para cada día
*Santísima Trinidad, Padre, Hijo y Espíritu Santo,
tu luz me envuelve y me protege;
a la vez que el amor de la Reina de la Paz me rodea.
Tu luz, Señor, guía mis pasos en este día,
y con su resplandor echas fuera
las tinieblas de mi alma,
de mi familia, de la Iglesia y cada rincón
de mi país y de toda la tierra.
Madre de Jesús y Madre nuestra,
nos unimos a ti en oración de intercesión,
pidiendo a Dios que disipe
hasta la más espesa oscuridad
para que ya no regrese –ni siquiera–
la más pequeña sombra de mal. Amén.*

### Texto bíblico para meditar. Salmo 26, 1
*El Señor es mi luz y mi salvación, ¿a quién temeré?
El Señor es la defensa de mi vida, ¿quién me hará temblar?*

## Del Mensaje de la Reina de la Paz del 25 de octubre de 2007

*¡Queridos hijos! Dios me ha enviado entre ustedes por amor para conducirlos por el camino de la salvación... Por eso, los invito: sean ustedes amor y luz donde hay tinieblas y pecado. Estoy con ustedes y los bendigo a todos. ¡Gracias por haber respondido a mi llamado!*

## Reflexión de hoy: "La luz de Dios y de la Virgen María nos libera de los miedos"

Casi todos nosotros, alguna vez cuando fuimos niños, experimentamos el miedo a la oscuridad. Ese miedo que suele empezar a surgir en torno a los dos años de edad.

Con frecuencia oímos de niños que no se duermen si sus padres no les dejan la luz encendida. Y, si se despiertan durante la noche y, al abrir los ojos, se dan cuenta de que les han apagado la luz y que están rodeados por la oscuridad, se asustan y comienzan a llorar.

Este temor innato hacia la oscuridad está relacionado con diferentes clases de miedos, como seres malvados imaginarios, monstruos, ladrones, pero también es provocado por el miedo al abandono, a la soledad, etc.

Ahora bien, cada uno de nosotros –en diferentes grados e intensidad– aún lleva dentro vestigios ancestrales de ese niño que teme a la oscuridad. Si el miedo, en una etapa concreta de la vida, no fue elaborado y trabajado correctamente, sino que, en cambio, fue reprimido por medio de frases tales como "no seas tonto", "eres un cobarde", etc., subsistirá e irá resurgiendo en formas similares a lo largo de las diversas etapas de la vida y a veces con "máscaras" que ocultarán el miedo de la niñez no sanado, y que persiste en la base de la mayoría de los miedos e inseguridades del adulto.

Hay quienes tienen pesadillas frecuentes y recurrentes u otros trastornos de sueño, los cuales también pueden estar relacionados con los temores no resueltos.

¿Cómo exorcizar entonces esos miedos escondidos en la propia historia?

La respuesta la hallamos en el poder de la oración que nos colma de la luz de Dios y de su Madre, Reina de la Paz. Ellos quieren que les permitamos entrar en nuestra vida para llenarla de su luz, de manera que podamos experimentar la seguridad y firmeza interior que sentía el salmista cuando afirmaba: "El Señor es mi luz y mi salvación, ¿a quién temeré?" (Salmo 26, 1).

Se puede comenzar repitiendo con confianza una y otra vez estas palabras; dejándose impregnar por la fe en el poder protector de Dios y el amor intercesor de la Virgen María.

Sin embargo, la consigna no es solo decirlo con los labios, ni tampoco entenderlo con la mera razón, sino que la clave está en llegar a experimentarlo –y a gustarlo– en el propio corazón.

Mientras no se internalice hasta las fibras más profundas esta experiencia del amor luminoso del Señor, quedarán vestigios del temor infantil que reaparecerán en momentos de la vida donde ya no hay fundamento para sentir miedo.

## Orar

Podemos tomar un rosario y, luego de imaginar como Dios nos rodea con sus brazos de luz, infundiéndonos seguridad, fortaleza y serenidad, en cada cuenta repetimos las palabras del salmista: "Tu, Señor, eres mi luz y mi salvación". En otros momentos, también podríamos orar con la antífona "Tu, Señor, eres la defensa de mi vida".

Al escribir estas líneas, ya estamos experimentando y compartiendo la alegría que se siente al ser liberado de antiguos miedos y temores, los cuales –como una pátina vieja y enlodada– impedían que fuéramos inundados por el gozo luminoso de la certeza de que Dios nos cuida y que junto a él no tenemos nada que temer.

## Contemplar

Hay quienes, para realizar este ejercicio espiritual, se sientan en una silla y colocan otra silla o sillón vacío frente a ellos. Entonces cierran los ojos e invitan, desde la oración silenciosa de sus corazones, a Dios Padre, o a Jesús, o al Espíritu Santo –o incluso a la Virgen María– a sentarse frente a ellos.

Varias de estas personas han comentado que este ejercicio de oración las ayuda a vencer las distracciones cotidianas y a focalizar su atención en la presencia de Dios. Por lo tanto, aquel que lo desee puede hablar con Dios sobre lo que le produce temores, ansiedad o miedo.

## Hablarle y oírlo

Se puede dejar que la conversación con el Señor fluya de un modo general y espontáneo. Pero también se puede conversar con él sobre los miedos que pudieron haber marcado cada etapa de la vida.

Por ejemplo: "Señor, ayúdame a percibir si, estando en el vientre materno, recibí miedo de parte de mi madre. Si en esa etapa algo me asustó, lléname de tu luz y pon en mí tu paz".

Y luego: "Señor, ayúdame a comprender lo que me asustó al momento de nacer y también los miedos que me pudieron haber afectado durante los primeros cinco años de mi vida… y con tu luz libérame de las consecuencias que dejaron esos miedos no resueltos".

Por último, detenerse a escuchar. El Espíritu de Dios hablará y traerá a la memoria algunos recuerdos de temores olvidados.

De este modo, se puede ir recorriendo de la mano del Señor, en períodos de cinco años, cada etapa de la vida.

**Descubrir serenamente**

Hay que tener presente que es importante no forzarse a uno mismo, ni escarbar de manera machacante en el interior, sino que el mismo Espíritu nos irá mostrando y ayudando a recordar suave y progresivamente los miedos que aún hoy pueden afectarnos y que en algunos momentos nos hacen sentir como se siente una niña o niño indefenso, que se despierta confundido en medio de la oscuridad.

**Entregar**

Al descubrir, bajo la luz de Dios, un miedo antiguo o actual, entreguémoslo a Dios. Pongámoslo entre sus manos diciéndole algo así: "Señor, tú eres más fuerte y más grande que aquella o esta situación (llamar por su nombre lo que se teme: accidente, traición, enfermedad, etc.). Corro como un niño entre tus brazos y me cobijo entre tus brazos protectores para que con tu luz me protejas, me liberes y me sanes. Amén".

## Oración a María Reina de la Paz

*Virgen Santísima, me pongo en tu presencia y te pido ser colmado de tu luz a fin de que pueda descubrir con tu mirada aquello que perturba mi alma, y te pido ser liberado de toda oscuridad producida por los acontecimientos que en el desarrollo de mi vida han sido o son aún causa de temor, ansiedad o miedo. Creo que, durante este sagrado tiempo de oración y a lo largo de toda esta jornada, Dios tomará bajo su cuidado todos mis pensamientos y emociones para que se cumpla en mí la promesa que Dios ha hecho por medio de las palabras del apóstol Pablo: "Que él se digne fortificarlos por medio de su Espíritu, conforme a la riqueza de su gloria, para que crezca en ustedes el hombre interior" (Efesios 3, 15).*

## Oración para ser libres del miedo

*Tú, Señor, sanaste a tus discípulos del miedo que los mantenía encerrados. Por eso, hoy te entrego todos los modelos de miedo que han desarrollado raíces en mi vida y también de aquellos que se han desplegado en mi árbol genealógico.*
*Yo tomo autoridad sobre toda clase de miedo, especialmente el que se refiere al rechazo*
*y al fracaso o a alcanzar metas y a triunfar.*
*Yo te pido ser liberado de todo el miedo al agua, a la gente, a las multitudes, a las mujeres*
*o a los hombres, a Dios, a las alturas, a la enfermedad, al dolor a la muerte, a emprender nuevos camino y proyectos, a lugares cerrados, a espacios abiertos, a hablar claro*
*y a volar en avión.*
*Señor, deja que mi familia, a través de todas las generaciones, sienta que se llena de tu amor*
*y que este expulsa el temor y el miedo.*
*Permite, amado Dios, que tu amor perfecto inunde tanto la historia de mi familia que todo el recuerdo del miedo desaparezca. Yo te alabo y te bendigo, Señor, por lo que estás haciendo. Amén.*

## Oración final para cada día

*Padre del cielo, en nombre de tu Hijo Jesucristo*
*y por la intercesión de María Reina de la Paz,*
*pongo en tus manos a todos tus hijos*
*que habitamos esta tierra,*
*especialmente a los más necesitados*
*de tener una experiencia de tu amor*
*y de tu divina misericordia. Que así sea.*

## Bendición final

*Que en este día te bendiga Dios, que es Padre, Hijo y Espíritu Santo. Amén.*

> *María es la mamá que nos enseña a ser fecundos, a estar abiertos a la vida y a ser cada vez más fecundos en el bien, en la alegría, en la esperanza, a no perder jamás la esperanza, a donar vida a los demás, vida física y espiritual*
>
> (Papa Francisco).

## 29° Día: "Purificación"
# Preparación para consagrarse a Dios con la intercesión de la Reina de la Paz

### Oración inicial para cada día

*Santísima Trinidad, Padre, Hijo y Espíritu Santo,
tu luz me envuelve y me protege;
a la vez que el amor de la Reina de la Paz me rodea.
Tu luz, Señor, guía mis pasos en este día,
y con su resplandor echas fuera
las tinieblas de mi alma,
de mi familia, de la Iglesia y cada rincón
de mi país y de toda la tierra.
Madre de Jesús y Madre nuestra,
nos unimos a ti en oración de intercesión,
pidiendo a Dios que disipe
hasta la más espesa oscuridad
para que ya no regrese –ni siquiera–
la más pequeña sombra de mal. Amén.*

### Texto bíblico para meditar. 1 Juan 1, 5-10

*Este es el mensaje que hemos recibido de él y que les anunciamos a ustedes: que Dios es luz y que en él no hay tinieblas.*

*Si decimos que estamos en comunión con él mientras caminamos en tinieblas, somos unos mentirosos y no estamos haciendo la verdad. En cambio, si caminamos en la luz, lo mismo que él está en la luz, estamos en comunión unos con otros, y la sangre de Jesús, el Hijo de Dios, nos purifica de todo pecado.*

*Si decimos que no tenemos pecado, nos estamos engañando a nosotros mismos, y la verdad no está en nosotros. Pero si confesamos nuestros pecados, él, que es fiel y justo, nos perdonará nuestros pecados y nos limpiará de toda maldad. Si dijéramos que no hemos pecado, sería como decir que él miente, y su palabra no estaría en nosotros.*

## Del Mensaje de la Reina de la Paz del 2 de junio de 2015

*Hijos míos, el amor es arrepentimiento, perdón, oración, sacrificio y misericordia. Si saben amar con las obras, convertirán a los demás, permitirán que la luz de mi Hijo penetre en las almas. ¡Les doy las gracias! Oren por sus pastores, ellos pertenecen a mi Hijo, él los ha llamado. Oren para que siempre tengan la fuerza y el valor de brillar con la luz de mi Hijo.*

## Reflexión de hoy: "La luz de Dios nos limpia de pecado"

En este camino hacia la consagración y en este tiempo en que nos disponemos a encontrarnos en la oración con Dios y con su Madre, abramos las puertas del espíritu para tener una experiencia gozosa y enriquecedora de la presencia del Espíritu Santo habitando en nosotros.

Cada vez que oramos con el corazón –como nos sugiere la Reina de la Paz en sus mensajes–, nos volvemos más conscientes de la presencia de Dios y abrimos gradualmente nuestros corazones a una experiencia sagrada, liberadora, purificadora y revitalizadora.

En la oración del corazón humano, encontramos un refugio seguro en el corazón de Dios y nos sentimos protegidos de varias amenazas. Incluso mucho de lo que sentimos como amenazante pueden llegar a ser fruto de nuestra imaginación.

Al desarrollar la conciencia de que Dios habita en nosotros y María siempre está a nuestro lado, todas nuestras preocupaciones se desvanecen.

Por lo tanto, ahora nos tomamos tiempo para descansar y aquietar la mente en el santuario de la oración, entrando gradualmente en la conciencia de la presencia de Dios que nos envuelve y le decimos:

"Amado Jesús, creo y acepto que tú eres el máximo bien para mi vida y digo: sí a todas las bendiciones que tú has preparado para mí en este día y en las bendiciones que vendrán después de la consagración; y en fe recibo tu luz que me lleva a progresar en todo lo que hago y haré en tu nombre. Que tu bondad me purifique de mis pecados y me libere de toda oscuridad, y de toda mentira, para que tu bondad, oh Dios, esté presente en todas partes como un manantial ilimitado de abundancia. Que este extenso manantial sea un caudal que me lleve a descubrir el pecado que se me oculta y a caminar tras tus pasos, de manera que acompañado por tu sabiduría y poder pueda llevar junto a ti, junto a mi familia y demás personas una vida apacible y colmada de sentido".

Dejamos que, a lo largo de este tiempo de encuentro con Dios, las expresiones de su bondad enriquezcan nuestra vida, de ese modo nos dispondremos a recibir bendiciones inesperadas y lograr sencillamente hacer realidad los auténticos anhelos que el Espíritu de Dios al crearnos ha sembrado en nuestro corazón.

En estos momentos de silencio y de nueva serenidad, descansamos, mientras que la copa de nuestro corazón se va llenando hasta rebosar del agua fresca de la bondad de Dios y del amor de la Virgen María.

También podemos meditar el versículo cinco de la lectura bíblica de hoy: "Dios es luz y que en él no hay tinieblas".

Seguramente todos nosotros en alguna ocasión –y quizás hasta en más de una oportunidad– habremos conducido un vehículo o viajado como pasajeros en una ruta rodeada por una densa neblina.

También puede haber sucedido que hayamos sido testigos de algún accidente, fruto de la poca visibilidad que produjo la niebla, o al menos habremos leído o escuchado la noticia de que algo así ha ocurrido.

Yo creo que esta imagen puede ayudarnos a comprender lo que produce en el corazón humano la ausencia de Dios de quien lo rechaza. O quizás más grave aún, como dice la primera carta de san Juan, cuando creemos "que estamos en comunión con él mientras caminamos en tinieblas".

Cuando somos conscientes de que estamos conduciendo con neblina, bajamos la velocidad, alertamos todos nuestros sentidos para no salirnos del camino o no colisionar con otro vehículo. Pero, si desatendemos la realidad de la bruma, el peligro es mayor. Eso nos sucede cuando nos confiamos excesivamente en nuestras propias capacidades o logros, sean estos: fortuna, inteligencia, títulos o cargos, simpatía, astucia, dinero, buenas relaciones, poder, etc. Y olvidamos que continuamente necesitamos que la luz de Dios nos guíe en la verdad. Por eso, Jesús le dijo a Tomás: "Yo soy, el Camino, la Verdad y la Vida" (Juan 14, 6).

La epístola de san Juan continúa invitándonos a mirar nuestro interior bajo la luz de Dios: "Si decimos que no tenemos pecado, nos estamos engañando a nosotros mismos" (versículo 6).

Todos nosotros debemos partir de una realidad, por más justos y virtuosos que seamos, por más obras de bien que hagamos, igual somos pecadores.

La misma Palabra de Dios nos invita a asumir esta realidad, ya que, así como la primera carta de san Juan nos recuerda que "si decimos que no tenemos pecado, nos estamos engañando a nosotros mismos"; también el libro de los Proverbios nos trae a la conciencia de esta realidad, cuando dice que aun "El hombre justo peca siete veces al día" (Proverbios 24, 16).

El objetivo de Dios, al recordarnos por medio de su Palabra esta realidad tan nuestra del pecado, no es para hacernos sentir mal, con culpabilidad o inferioridad, sino, por el contrario, él nos lo recuerda con el fin de poder perdonarnos, liberarnos y sanarnos, ya que el único pecado del cual no podemos ser perdonados y liberados es aquel que no queremos reconocer.

Para poder ser limpiados continuamente de todo aquello que nos impide tener vida plena, es necesario pedirle al Espíritu Santo que nos ayude a reconocer el pecado que impide que mayor caudal de bendiciones se derrame en nosotros. O como decía Job a Dios: "¿Cuántas iniquidades y pecados tengo yo? Hazme entender mi transgresión y mi pecado" (Job 13, 23).

Continuemos desgranando el texto bíblico: "Estamos en comunión unos con otros" (versículo 7b).

El signo de que la luz de Dios y de María habita en nosotros se resume en el hecho de que por todos los medios (oración, palabra, obras, etc.) nos esforzamos en ser generadores de comunión y unidad en todas partes.

En lugar de enojarnos con situaciones de oscuridad y miseria que en ciertos ambientes o situaciones puedan rodearnos, podemos comprometernos para ser luz. Como recomiendan estos proverbios: "Es mejor encender una luz que maldecir la oscuridad" y "Mira las estrellas, pero no te olvides de encender la lumbre en el hogar".

A continuación, el versículo siete afirma: "La sangre de Jesús, el Hijo de Dios, nos purifica de todo pecado" (versículo 7b).

Y así como existe la enfermedad del pecado, también existe el antídoto creado por el mismo Dios para nuestra salvación. Este antídoto es la sangre de su amado Hijo Jesús: "En quien tenemos redención por su sangre, el perdón de pecados, según las riquezas de su gracia, que hizo sobreabundar para con nosotros en toda sabiduría e inteligencia" (Efesios 1, 7-8).

Por lo tanto, cuando a lo largo de la jornada nos demos cuenta de que el Espíritu Santo está hablándonos a la conciencia y advirtiéndonos que puede haber algún pecado llamando a la puerta de nuestra mente (pecados de pensamiento), de nuestros labios (pecados de palabra), de nuestra vida (pecados de obra o de omisión), invoquemos la fuerza que nos viene de la preciosísima sangre de Jesús, que nos protege del todo mal, para así no caer: "no nos dejes caer en la tentación, y líbranos del mal" (Mateo 6, 13).

¿Y si cayésemos en pecado? Entonces también invoquemos la divina sangre, pues ella nos purifica de toda mancha y nos deja más blancos que la nieve. "Purifícame con hisopo, y seré limpio; lávame, y seré más blanco que la nieve" (Salmo 50, 7)

## Oración

*Amado Jesús, tú, que todo lo ves y que conoces
lo más profundo de mi ser, en este tiempo en que
me preparo para consagrarme a ti a través del
Inmaculado Corazón de la Virgen María, tu Madre,
te pido que ilumines mi interior para que pueda
reconocer aquellos pecados que tú me invitas a
convertir en lo profundo de mi ser.
Tú sabes que soy débil; que sin ti no puedo caminar;
que sin tu ayuda todo lo que hago para ser
transformado y liberado es insuficiente, por eso,
hazme –como María– dócil a tu Santo Espíritu,
de manera que cada vez que él atraiga mi atención
sobre algún peligro para mi vida, yo lo escuche
y sea dócil a sus inspiraciones.
Y si tengo la desgracia de caer, ya sea
por mi terquedad o ignorancia, que busque con la
mayor prontitud posible el auxilio para todo mí ser,
por medio de tu sangre y del sacramento
de la reconciliación.
Gracias, Señor, por habernos dejado estos dos
grandes regalos para la renovación y sanación
de todo nuestro ser. Gracias por habernos dejado a tu
Madre, la Virgen Santísima, Reina de la Paz. Amén.*

## Oración final para cada día

*Padre del cielo, en nombre de tu Hijo Jesucristo
y por la intercesión de María Reina de la Paz,
pongo en tus manos a todos tus hijos
que habitamos esta tierra,
especialmente a los más necesitados
de tener una experiencia de tu amor
y de tu divina misericordia. Que así sea.*

## Bendición final

*Que en este día nos bendiga Dios, que es Padre, Hijo
y Espíritu Santo. Amén.*

---

*Con la práctica fiel de las virtudes más humildes
y sencillas, has hecho, Madre mía, visible a todos
el camino recto del Cielo*

(Santa Teresa de Lisieux).

## 30° Día: "Orando por la salud"
# Preparación para consagrarse a Dios con la intercesión de la Reina de la Paz

### Oración inicial para cada día
*Santísima Trinidad, Padre, Hijo y Espíritu Santo,*
*tu luz me envuelve y me protege;*
*a la vez que el amor de la Reina de la Paz me rodea.*
*Tu luz, Señor, guía mis pasos en este día,*
*y con su resplandor echas fuera*
*las tinieblas de mi alma,*
*de mi familia, de la Iglesia y cada rincón*
*de mi país y de toda la tierra.*
*Madre de Jesús y Madre nuestra,*
*nos unimos a ti en oración de intercesión,*
*pidiendo a Dios que disipe*
*hasta la más espesa oscuridad*
*para que ya no regrese –ni siquiera–*
*la más pequeña sombra de mal. Amén.*

### Texto bíblico para meditar. Éxodo 15, 26
*¡Yo soy el Señor, el que te sana!*

## Del Mensaje de la Reina de la Paz del 2 de septiembre de 2013

*¡Queridos hijos, los amo a todos!... Oro al Espíritu Santo para que los renueve y fortalezca. Oro al Espíritu Santo para que, mientras ayudan a los demás, también ustedes sean sanados. Le pido que mediante él sean hijos de Dios y apóstoles míos.*

## Reflexión de hoy: "Pidiendo a la Reina de la Paz por la salud física"

Mientras tenemos salud y no experimentamos ningún dolor ni limitaciones físicas, muy pocas veces agradecemos al Señor por el don del cuerpo que nos ha concedido. Pero si un médico nos diagnostica una enfermedad o nos lesionamos y sentimos dolores intensos, entonces comenzamos a tomar conciencia de que nuestros cuerpos no son inmortales y de que tal vez no hemos valorado y cuidado adecuadamente el "templo del cuerpo" que el Señor nos concedió.

Es importante tomar conciencia de que Quien nos ha creado ama todo nuestro ser, incluso cada célula y órgano del cuerpo. Y su Hijo, Nuestro Señor Jesucristo, ha tomado también él un cuerpo, cuando se encarnó en el vientre purísimo de la Virgen María...

Por lo tanto, en este 30° día de camino hacia la consagración, ofrezcamos a la Virgen María y a Dios cada parte de nuestro ser, poniéndonos en presencia del Señor y tomando conciencia de cada parte del cuerpo.

- Podemos mover las manos, agradecer a Dios por ellas y rezar una oración espontanea, por ejemplo: "Señor, que mis manos te alaben a lo largo de este día, recibiendo de ti la salud y siendo canal de amor y de servicio para todos mis hermanos". O tal vez: "Jesús, que mis manos sean cada día más parecidas a las de tu Madre, la Virgen María".
- También podemos levantar los brazos y decirle al Creador algo así: "Te entrego mis brazos para que, libre de la debilidad y del cansancio, pueda con ellos ayudar a llevar sus cargas a quienes me necesiten".
- Ahora podemos mover el cuello y la cabeza dándole gracias a Dios y alabándolo espontáneamente, con nuestras palabras, por los ojos, los oídos, los labios, etc. Y pidiéndole que nos muestre el origen de las contracturas musculares que nos aquejan.
- En caso de padecer alguna enfermedad, podemos apoyar las manos sobre la parte enferma o dolorida del cuerpo y meditar cómo sentir/percibir como el Señor entra en contacto contigo igual que lo hizo con el hombre enfermo de lepra: "Jesús extendió la mano y le tocó" (Mateo 8, 3). Pidámosle que extienda su mano y nos toque para que su amor se haga cargo y se ocupe de lo que enferma nuestro cuerpo y de aquello que provoca algún dolor.
- Podemos utilizar el rosario y, por cada cuenta, orar con el corazón repitiendo por ejemplo: "Por intercesión de Nuestra Señora de Lourdes, sáname, Señor".
- Contémosle a la Virgen Madre aquello que nos preocupa y angustia, y dejémonos consolar por ella y

por el Santo Espíritu. Permitamos que todo el cuerpo se inunde de oración y que nuestra plegaria sea una fuente de luz que se renueve a lo largo de toda la jornada.
- En el caso de estar sanos, pero la preocupación es por alguien a quien amamos y que está enfermo, entonces –intercediendo por él o por ella– pedimos a Jesús que obre a la distancia como lo hizo con el servidor del Centurión. Este le dijo a Jesús: "No soy digno de que entres en mi casa, pero di tan solo una palabra y mi sirviente sanará" (Lucas 7, 6 y 7), y el Señor le concedió al servidor de este hombre que se sanara, pues su humildad y su fe fueron la luz por medio de la cual el Señor iluminó y sanó la vida del enfermo. Roguemos que, por medio de nuestra oración intercesora, él llegue con su amor a esa casa y que su poder sane a los enfermos por quienes sentimos en el corazón que debemos interceder.

## Oración 1

*Ven, Espíritu Santo, ven por medio de la intercesión de la Virgen María, ven a todo mi ser. Ven a cada parte de mi cuerpo e inúndalo con tu luz.*
*Que, durante este tiempo de oración, cada célula de mi organismo te alabe y te bendiga como a su Señor y Creador; que cada uno de mis músculos,*
*por ti creados, proclame las maravillas que tú has obrado y obras en mi vida.*
*Que estos huesos que me has dado*
*no dejen de alabar y bendecir tu santo Nombre. Amén.*

## Oración 2

*Jesús: yo creo que tú eres el médico divino que quieres mi salud porque me amas y me llamas a trabajar en la construcción de tu reino. Señor, confío en ti y en tu poder sanador para mi vida y para la vida de aquellas personas por quienes me pides orar. Jesús: yo creo que –así como en tu vida terrena caminaste por esta tierra haciendo el bien y curando a los oprimidos por el mal– también hoy caminas entre nosotros y, como buen samaritano, te acercas a mí y a cada hombre y mujer que sufre en su cuerpo y en su alma, con el deseo de curar nuestras dolencias. Por eso, te pido, Jesús, por intercesión de tu Madre y por el poder infinito de tu preciosísima sangre, que entres con tu luz en mi alma y en mi cuerpo y que fortalezcas todo mi organismo, especialmente en aquellos puntos donde experimento mayor debilidad y que me sanes a mí o a ese hermano(a)... (mencionar el nombre completo) por quien hoy te quiero pedir.*

*Gracias, Señor, porque amas no solo nuestras almas, sino también nuestros cuerpos, gracias por lo que estás haciendo en nuestras vidas y gracias por lo que aún quieres hacer. Amén.*

## Oración final para cada día

*Padre del cielo, en nombre de tu Hijo Jesucristo
y por la intercesión de María Reina de la Paz,
pongo en tus manos a todos tus hijos
que habitamos esta tierra,
especialmente a los más necesitados
de tener una experiencia de tu amor
y de tu divina misericordia. Que así sea.*

## Bendición final

*Que en este día nos bendiga Dios, que es Padre, Hijo
y Espíritu Santo. Amén.*

> *María es madre y una madre se preocupa sobre todo por la salud de sus hijos…*
> *La Virgen custodia nuestra salud*
>
> (Papa Francisco).

# 31° Día: "Iluminación emocional"
## Preparación para consagrarse a Dios con la intercesión de la Reina de la Paz

**Oración inicial para cada día**
*Santísima Trinidad, Padre, Hijo y Espíritu Santo,
tu luz me envuelve y me protege;
a la vez que el amor de la Reina de la Paz me rodea.
Tu luz, Señor, guía mis pasos en este día,
y con su resplandor echas fuera
las tinieblas de mi alma,
de mi familia, de la Iglesia y cada rincón
de mi país y de toda la tierra.
Madre de Jesús y Madre nuestra,
nos unimos a ti en oración de intercesión,
pidiendo a Dios que disipe
hasta la más espesa oscuridad
para que ya no regrese –ni siquiera–
la más pequeña sombra de mal. Amén.*

**Texto bíblico para meditar.** Salmo 18, 29
*Tú eres mi lámpara, Señor: Dios mío, tú iluminas mis tinieblas.*

## Del Mensaje de la Reina de la Paz del 2 de agosto de 2015

*¡Queridos hijos! Yo, como Madre que ama a sus hijos, veo qué difícil es el tiempo en el que viven. Veo el sufrimiento de ustedes. Pero deben saber que no están solos. Mi Hijo está con ustedes. Está en todas partes: es invisible, pero lo pueden sentir si viven en él. Él es la luz que los ilumina el alma y les concede la paz. Él es la Iglesia que deben amar y por la que siempre deben orar y luchar; pero no solo con las palabras, sino con las obras de amor.*

## Reflexión de hoy: "La Virgen María nos guía en los momentos de noche emocional"

### "... tú iluminas mis tinieblas"

En la reflexión de hoy, comenzaremos por la segunda parte del versículo bíblico del día: "... tú iluminas mis tinieblas".

Podemos pedir a la Virgen María que interceda por nosotros para que nos ayude a identificar cuáles son esas tinieblas emocionales y sentimientos negativos que surgen de manera recurrente o simplemente en algunos momentos de la vida.

Estas son algunas de las tinieblas emocionales más frecuentes:
- amargura, mal humor y resentimiento;
- ansiedad y nerviosismo constante;
- ira y agresividad;

- preocupación crónica y estrés;
- tristeza permanente y depresión;
- temores y miedos excesivos.

Ciertamente estas no son las únicas emociones oscuras, pero sí las emociones negativas más comunes que pueden llamar a la puerta de nuestro nivel emocional, llegando a afectar el cuerpo y el modo de relacionarnos con los demás.

Si tuviéramos que hablar y reflexionar sobre cada una de ellas, sería demasiado extenso y –como se suele decir– "daría tela para muchos vestidos".

En este día de purificación –y estando ya cerca del día de la consagración a Dios por medio de María–, lo importante es dejar entrar la luz de Dios en nuestro nivel emocional, de manera que –con el amor de Dios y la intercesión de María Santísima– cualquier emoción negativa que habite en nosotros se disipe.

Algunas preguntas claves que nos pueden ayudar:
- Cuando alguna de estas emociones negativas llama a mi corazón, ¿cómo reacciono?
- ¿Les abro y los dejo pasar a mi mente y a mi corazón de manera que se instalan en mí y allí se quedan?
- O, por el contrario, ¿llamo al Señor y a su Madre para que vengan a ayudarme a rechazar a tan molestos y dañinos visitantes?

Si analizamos nuestro modo de actuar, seguramente llegaríamos a reconocer que, en más de una ocasión, pudimos haber abierto la puerta de nuestra alma a emociones negativas que venían encubiertas; y recién nos dimos cuenta del mal que nos causaban cuando ya estaban seriamente comprometidas en nosotros la paz y la armonía interior.

Con toda seguridad, las puertas de acceso más comunes a esas emociones que nos robaron la luz de Dios y que nos fueron sumiendo gradualmente en las tinieblas del corazón han sido pensamientos y conversaciones que no provenían de Dios[17].

No obstante, como dice el refrán: "de nada nos sirve llorar sobre la leche derramada", sino que lo importante es aprender de los errores cometidos, especialmente de aquellas equivocaciones que comprometieron nuestra paz espiritual y emocional por haber dado espacio –distraída e ingenuamente– a pensamientos, conversaciones y emociones que eran más propios del reino de las tinieblas que del Reino de la Luz de Nuestro Señor.

Sin embargo, es importante tener en cuenta que muchas de esas emociones negativas son como caballos que pueden ser domados, pero, si algunas veces se descontrolan y desbocan, es principalmente por causa de las heridas aún no sanadas que puede haber en nuestros corazones.

Para utilizar un ejemplo que ilumine más este hecho: como si a un caballo que tiene una llaga en una parte del cuerpo lo tocáramos en ese punto. Aunque lo hagamos con suavidad, el animal reaccionará y posiblemente se

---

17 En algunos de los libros de la Colección "Paz interior", se profundiza en el tema de los pensamientos ladrones de paz y las emociones tóxicas, por ejemplo: *Lo que nos roba la paz; Abre el corazón y recibe la paz*, etc. (editorial San Pablo).

encabritará y saldrá disparado, pues está muy sensible en esa parte del cuerpo; mientras la herida no esté totalmente curada, el animal reaccionará del mismo modo cada vez que uno le acerque la mano.

Por eso, muchas personas, cuando alguien les "toca" o simplemente se acerca a una herida invisible pero real que aún tienen abierta, reaccionan emocionalmente de manera desproporcionada, con actitudes de amargura o de resentimiento, con nerviosismo, ira y agresividad o con una preocupación o tristeza, que puede parecer exagerada a los ojos de sus familiares y amigos. Es que las heridas que todavía no han sido sanadas nos hacen excesivamente sensibles.

## Ejercicio de oración

Escribir a continuación:
- ¿Con cuáles de las emociones negativas mencionadas anteriormente me siento identificado?
- ¿Encuentro en mí otras emociones negativas que no hayan sido aquí mencionadas? ¿Cuáles son?
- Pido a Nuestra Señora de Pentecostés que clame para mí una nueva efusión del Espíritu Santo, y que él derrame en mí la luz necesaria para ver la herida –aún no sanada de mi historia– que me hace particularmente sensible.
- Me tomo unos minutos de silencio para dejar que emerjan en mi mente –suave y lentamente– los pensamientos que el Señor quiera mostrarme.

- Manteniéndome en la presencia del Señor, le pido la gracia de discernir lo que viene de él.
- Le entrego con confianza cualquier recuerdo doloroso que pudiese surgir.

### "... tú eres mi lámpara, Señor"

En la Palabra de Dios hay sanación, por lo cual terminamos repitiendo –todas las veces que sea necesario– los siguientes versículos. Ellos son promesas poderosas de bendición para nuestra vida y medicina espiritual y emocional.

"La paz de Dios, que supera todo lo que podemos pensar, tomará bajo su cuidado los corazones y los pensamientos de ustedes en Cristo Jesús" (Filipenses 4, 7).

"Gracias a la misericordiosa ternura de nuestro Dios, que nos traerá del cielo la visita del Sol naciente, para iluminar a los que están en las tinieblas y en la sombra de la muerte, y guiar nuestros pasos por el camino de la paz" (Lucas 1, 78 y 79).

Podemos unir la oración a nuestras emociones y cuerpo orando con esta invocación del siguiente modo:
1. Al inhalar lenta pero profundamente clamamos a Dios: "Dios mío, ven en mi auxilio...".
2. Retenemos el aire durante unos breves segundos siendo conscientes de que somos templo, vaso, receptáculo del Santo Espíritu de Dios.
3. Exhalamos lentamente mientras le rogamos: "... Señor, date prisa en socorrerme".

Repetimos esta invocación todo el tiempo y cuantas veces lo necesitemos, pues mientras lo hacemos los rayos de la luz de Dios se irán abriendo camino en nuestros recuerdos dolorosos, sanando heridas del alma y aportándonos un nuevo equilibrio emocional.

## Oración final para cada día

*Padre del cielo, en nombre de tu Hijo Jesucristo*
*y por la intercesión de María Reina de la Paz,*
*pongo en tus manos a todos tus hijos*
*que habitamos esta tierra,*
*especialmente a los más necesitados*
*de tener una experiencia de tu amor*
*y de tu divina misericordia. Que así sea.*

## Bendición final

*Que en este día nos bendiga Dios, que es Padre, Hijo*
*y Espíritu Santo. Amén.*

---

*Nunca tengas miedo de amar demasiado a la Virgen. Jamás podrás amarla más que Jesús*

(San Maximiliano Kolbe).

## 32º Día: "De colores"
# Preparación para consagrarse a Dios con la intercesión de la Reina de la Paz

### Oración inicial para cada día
*Santísima Trinidad, Padre, Hijo y Espíritu Santo,*
*tu luz me envuelve y me protege;*
*a la vez que el amor de la Reina de la Paz me rodea.*
*Tu luz, Señor, guía mis pasos en este día,*
*y con su resplandor echas fuera*
*las tinieblas de mi alma,*
*de mi familia, de la Iglesia y cada rincón*
*de mi país y de toda la tierra.*
*Madre de Jesús y Madre nuestra,*
*nos unimos a ti en oración de intercesión,*
*pidiendo a Dios que disipe*
*hasta la más espesa oscuridad*
*para que ya no regrese –ni siquiera–*
*la más pequeña sombra de mal. Amén.*

### Texto bíblico para meditar. Eclesiástico 50, 7
*Como sol resplandeciente sobre el Templo del Altísimo, como arco iris que brilla entre nubes de gloria.*

## Del Mensaje de la Reina de la Paz del 2 de julio de 2015

*Al mirarlos con ternura siento un amor inmenso, que refuerza en mí el deseo de conducirlos a una fe firme. Una fe firme les dará en la tierra gozo y alegría, y, al final, el encuentro con mi Hijo. Ese es su deseo. Por eso vívanlo a él, vivan el amor, vivan la luz que los ilumina siempre en la eucaristía. Les pido que oren mucho por sus pastores, que oren para que tengan el mayor amor posible hacia ellos, porque mi Hijo se los ha dado para que los nutran a ustedes con su cuerpo y les enseñen el amor.*

## Reflexión de hoy: "Nuestra vida puede llenarse de color"

### "Como sol resplandeciente sobre el Templo del Altísimo"

La primera parte del versículo bíblico de hoy nos presenta la siguiente imagen: "Como sol resplandeciente sobre el Templo del Altísimo".

Si hemos tenido alguna vez la experiencia de contemplar el abanico multicolor que se abre en las naves interiores de un templo, cuando los rayos de sol atraviesan los vitrales de sus amplios ventanales, entonces habremos comprobado que en esos momentos casi se puede respirar la luz y los colores que inundan el santo recinto del templo.

Algo así sucede en cada uno de nosotros, templos vivos del Señor. Cuando la luz de Dios atraviesa los cristales de la personalidad que nos hemos ido tejiendo a lo largo de los años –a pesar de la opacidad que pueda existir en ciertas facetas de nuestra personalidad–, Dios se abre camino y entra en nosotros como los rayos del sol, y produce con su presencia una experiencia inefable e intransferible... casi como si pudiésemos tocarlo dentro de nosotros mismos y ser iluminados por su divina presencia. Algo así habrá experimentado el apóstol Pablo para llegar a afirmar: "No soy yo quien vive, sino Cristo quien vive en mí". (Gálatas 2, 20).

Y esta ha sido, sin duda, la obra del Espíritu Santo durante la Encarnación, y de Jesús al nacer, quien nació de María sin que por eso dejase de ser Virgen, como un rayo de luz pasa a través de un cristal sin romperlo.

### "Como arco iris que brilla entre nubes de gloria"

La segunda parte del versículo para meditar es la siguiente: "Como arco iris que brilla entre nubes de gloria".

También el recogimiento de los templos o iglesias nos pueden ayudar a crecer en el silencio interior para así poder escuchar las voces más profundas que habitan en los corazones de quienes vamos a orar. Entonces, gradualmente, nuestros corazones que habían llegado como en blanco y negro, o cargados de oscuridad, también se van colmando de colores interiores y de una nueva luminosidad.

Quizás por eso aún hoy me gustan tanto las iglesias que tienen antiguos vitrales, los cuales fueron cocidos en el horno y que han quedado con colores que no son muy oscuros, pues de ese modo permiten el paso de la luz y la transforman en un arco iris, pero sin restarle nada de su luminosidad. Solamente tiñéndola con una diversidad de matices, como si fuesen un arco iris sagrado.

Recuerdo que cuando era niño me sentaba en los amplios bancos de la iglesia de mi barrio, a la que asistía los domingos, en los fríos días de invierno, y disfrutaba buscando esos lugares que se veían rodeados por haces de luz multicolor. Pensaba que esos sitios eran aún más sagrados que otros lugares del templo, pues era como si el cielo tocase la tierra usando como puente los rayos de sol y el arco iris de los vitrales. Y luego me entretenía mirando como el sol –en su lento movimiento– iba desplazando los diferentes colores sobre mi ropa.

Otro recuerdo es que, en un momento determinado, los rayos de luz multicolor iluminaban el rostro de la imagen de la Virgen María, quien desde lo alto parecía cobrar vida y sonreírme.

En esos tiempos de mi niñez, yo no sabía nada de teología y, durante las celebraciones, pasaba bastante tiempo jugando u observando con asombro todo lo que me rodeaba, como si siempre hubiese cosas nuevas. Pero el recuerdo indeleble que me ha quedado grabado en el espíritu es que en la iglesia se podía respirar una gran paz que, más tarde, al salir del templo y de camino a casa, se iba conmigo acompañándome por las calles del barrio.

Esta experiencia personal de mi primera infancia me lleva a sostener lo importante que puede ser el hecho de que los niños pequeños sean llevados por sus padres al templo, pues, aunque es poco lo que entienden, la presencia de Dios que impregna hasta los muros del lugar y que fluye sobre todo desde el sagrario, durante la consagración y por la oración de los fieles, queda depositada en las células de la criatura, y, aun cuando luego se aleje de la vida de la iglesia, en su interior permanecerá una nostalgia por la paz absorbida en esos años, la cual será una atracción que lo llevará a regresar al seno de Dios y de la iglesia en algún momento de su vida adulta.

El Espíritu de Dios jamás deja de buscar nuestros corazones: "Contempla al arco iris y bendice al que lo hizo; ¡qué hermoso es con todos sus colores! Traza en el cielo un círculo de gloria, un arco que fue extendido por las manos del Altísimo" (Eclesiástico 43, 11-12).

Finalmente podemos meditar acerca del arco iris que forma el sol a través de los ventanales del templo que nos evoca la visión de Dios que tuvo Ezequiel, quien lo describe así: "La luz que lo rodeaba tenía el aspecto del arco iris que se ve en las nubes en los días de lluvia. Esa visión era una imagen de la Gloria de Yahvé, cuando lo vi me tiré de bruces al suelo; oí entonces una voz que me habló" (Ezequiel 1, 28).

Podemos pedir a Dios su luz mientras nos preguntamos: ¿Qué experiencias espirituales agradables de mi niñez conservo en mi memoria?

Recordemos cuando nos sentíamos un niño/a que podía refugiarse entre los brazos de la Virgen María y nos quedamos por unos instantes contemplando esa escena.

Meditamos usando la memoria iluminada por el amor del Señor, pues esto puede resultarnos de gran ayuda. Los recuerdos gratos y simpáticos, incluso aquellos olvidados o escondidos en el inconsciente, son como los rayos de sol que germinan la tierra trayendo cada primavera nueva vida.

Poniéndonos en la presencia del Señor y de María como quien se tiende relajadamente sobre la arena para ser bañado por los brillantes rayos de sol de las primeras horas de la mañana, en este sagrado tiempo de oración, podemos descansar en la presencia de Dios y de su Madre sin tener que hacer nada especial; solo dejarnos invadir por la cálida presencia de Dios y ser envueltos por el manto de la ternura de María.

Mientras respiramos suave y profundamente, y centrándonos en la presencia del Amado que habita en cada uno de nosotros, podemos decirle varias veces:

- "Señor Jesús, resplandece en todo mi ser, como el sol de la mañana".
- "Santo Espíritu de Dios, que tu santa presencia colme todo mi ser y me guíe a lo largo de este día".

## Oración

*Toda mi confianza está puesta en ti, bendito Jesús*
*–Hijo de Dios Padre y de la Virgen María–, porque tú*
*eres el Señor de mi vida; eres el Rey que viene*
*a mi corazón a liberarme del mal y a traerme*
*todo bien, toda bendición.*
*Hoy te proclamo mi Señor y Soberano, y te pido*
*que pases a través del cristal de mi vida*
*con un rayo de tu luz.*

*Espíritu Santo, si encuentras que los cristales de mi
vida están rotos, entonces restáuralos
y dales la forma y belleza que desde siempre tú
soñaste para mí...
Si encuentras que los cristales de mi personalidad
han perdido o nunca han alcanzado el alegre
colorido que tú deseabas para mí,
comienza entonces tu obra en mi vida
liberándome de la opacidad y poniendo
en mí tu brillo.
Virgen Santísima, intercede por mí para que tu Hijo
Jesús limpie los cristales sucios de mi identidad,
restaurando aquellos que no son originales
y poniendo de nuevo aquellos rasgos de genuina
identidad que me ayudarán a que me sienta pleno,
permitiendo que Dios pase con su luz a través de mí
y llevando la claridad que necesitan
a todos los que me rodean. Amén.*

## Oración final para cada día

*Padre del cielo, en nombre de tu Hijo Jesucristo
y por la intercesión de María Reina de la Paz,
pongo en tus manos a todos tus hijos
que habitamos esta tierra,
especialmente a los más necesitados
de tener una experiencia de tu amor
y de tu divina misericordia. Que así sea.*

## Bendición final

*Que en este día nos bendiga Dios, que es Padre, Hijo y Espíritu Santo. Amén.*

*María es como el arco iris, señal de reconciliación entre Dios y los hombres. Es como un capullo de rosa que abre sus pétalos en pleno invierno; como un lirio que crece junto a la corriente de las aguas; como un incienso que esparce suaves aromas*

(San Antonio de Padua).

## 33° Día: "Ser comunidad"
# Preparación para consagrarse a Dios con la intercesión de la Reina de la Paz

## Oración inicial para cada día

*Santísima Trinidad, Padre, Hijo y Espíritu Santo,*
*tu luz me envuelve y me protege;*
*a la vez que el amor de la Reina de la Paz me rodea.*
*Tu luz, Señor, guía mis pasos en este día,*
*y con su resplandor echas fuera*
*las tinieblas de mi alma,*
*de mi familia, de la Iglesia y cada rincón*
*de mi país y de toda la tierra.*
*Madre de Jesús y Madre nuestra,*
*nos unimos a ti en oración de intercesión,*
*pidiendo a Dios que disipe*
*hasta la más espesa oscuridad*
*para que ya no regrese –ni siquiera–*
*la más pequeña sombra de mal. Amén.*

## Texto bíblico para meditar. Hechos 1, 4-5

*En una ocasión, mientras estaba comiendo con ellos, les recomendó que no se alejaran de Jerusalén y esperaran la promesa del Padre: "La promesa, les dijo, que yo les he anunciado. Porque Juan bautizó con agua, pero ustedes serán bautizados en el Espíritu Santo, dentro de pocos días".*

## Del Mensaje de la Reina de la Paz del 25 de mayo de 2009

*¡Queridos hijos! En este tiempo, los invito a todos a orar por la venida del Espíritu Santo en cada criatura bautizada para que el Espíritu Santo los renueve a todos y los conduzca por el camino del testimonio de la fe, a ustedes y a todos aquellos que están lejos de Dios y de su amor. Estoy con ustedes e intercedo por ustedes ante el Altísimo. ¡Gracias por haber respondido a mi llamado!*

## Reflexión de hoy: "Victoria sobre el individualismo"

La tendencia en nosotros puede ser individualista y egoísta, incluso en los creyentes y en quienes amamos a la Virgen María. Por eso, ella con sus mensajes nos invita a levantar la mirada y a mirar más allá de las propias necesidades y las de nuestra familia y amigos.

Así como lo hizo en Pentecostés, también hoy la Virgen María nos convoca para reunirnos en el "aposento alto" o cenáculo, representado en los grupos de oración, las comunidades y los movimientos eclesiales, pidiendo la permanente renovación del Espíritu Santo.

María nos anima e impulsa para que en nosotros se cumpla la promesa bíblica hecha por su Hijo, que meditamos en el versículo de hoy: "Ustedes serán bautizados en el Espíritu Santo"; y que hagamos todo lo posible para que no solo nosotros, sino también una gran cantidad de católicos que han recibido el bautismo en la infancia, reciban una nueva unción del Espíritu Santo y comiencen a caminar en la luz del amor de Dios.

Un verdadero cristiano y un auténtico discípulo de María lleva en su corazón los deseos de Nuestra Señora, quien nos invita a orar para que el Espíritu Santo se mueva en el corazón de cada hombre y mujer que ha recibido el sacramento del bautismo, pero que aún no está viviendo de acuerdo con este sacramento.

Ella nos quiere enseñar que, cuando unimos la oración, el testimonio de la propia vida y el anuncio de lo que vamos aprendiendo sobre Dios y su Iglesia –con estos tres elementos–, Dios puede hacer cosas maravillosas, sanando los corazones heridos, convirtiendo vidas, liberando de adicciones y de comportamientos dañinos, transformando hasta la misma personalidad de las personas que todavía no han tenido la experiencia del amor de Dios.

## Oración

*Virgen María, Reina de la Paz, nuestra vida se vuelve más hermosa cuando como hijos nos ponemos, por medio de la oración, bajo el refugio de tu manto y de tu amor materno.*

*Hoy te pido que me ayudes a mostrar no solo con palabras, sino también con el ejemplo de mi hablar, de mi callar, de mi actuar, que tu Hijo Jesús está vivo y que él es amor. De este modo, no solo seré libre del individualismo e indiferencia, sino que seré puente de tu amor maternal, para que tú puedas llegar a muchos corazones, bendecirlos con tu amor y permitir que conozcan más profundamente a Dios. Amén.*

## Oración final para cada día

*Padre del cielo, en nombre de tu Hijo Jesucristo y por la intercesión de María Reina de la Paz, pongo en tus manos a todos tus hijos que habitamos esta tierra, especialmente a los más necesitados de tener una experiencia de tu amor y de tu divina misericordia. Que así sea.*

## Bendición final

*Que en este día nos bendiga Dios, que es Padre, Hijo y Espíritu Santo. Amén.*

---

*Un cristiano sin la Virgen está huérfano. También un cristiano sin Iglesia es un huérfano. Un cristiano necesita de estas dos mujeres, dos mujeres madres, dos mujeres vírgenes: La Iglesia y la Madre de Dios*

(Papa Francisco).

# Consagración

En diversas ocasiones, Nuestra Señora en Fátima, en San Nicolás, en Medjugorje y en otras apariciones, ha manifestado su deseo de que nos consagremos a Dios por medio de ella, por ejemplo:

*Queridos hijos: vengo entre ustedes porque deseo ser su Madre, su intercesora. Deseo ser un vínculo entre ustedes y el Padre celestial, su mediadora. Deseo tomarlos de las manos y caminar con ustedes en la lucha contra el espíritu impuro. Hijos míos: conságrense totalmente a mí. Yo tomaré sus vidas en mis manos maternas y les enseñaré la paz y el amor, y entonces las entregaré a mi Hijo. A ustedes les pido que oren y ayunen... Oren por sus pastores: para que, unidos en mi Hijo, puedan siempre anunciar alegremente la Palabra de Dios. ¡Les agradezco!*[18].

## Oración de consagración a Nuestra Señora del Rosario de San Nicolás[19]

*¡Oh Madre, quiero consagrarme a ti!*
*Virgen María, hoy consagro mi vida a ti,*
*siento necesidad constante de tu presencia*
*en mi vida.*
*Para que me protejas, me guíes y me consueles.*

---

18  Mensaje anual del 18 de marzo de 2012 a Mirjana.
19  Oración dada por María en San Nicolás el 7 de septiembre de 1984.

*Sé que en ti mi alma encontrará reposo
y la angustia en mí no entrará.
Mi derrota se convertirá en victoria,
mi fatiga en ti fortaleza es.
Amén.*

## La consagración del mundo[20]

*Oh, Madre de los individuos y de los pueblos,
tú que conoces todos sus sufrimientos
y sus esperanzas,
tú que tienes el conocimiento materno
de todas las batallas
entre el bien y el mal, entre la luz y la oscuridad
que afligen al mundo moderno,
acepta nuestra súplica que dirigimos a tu corazón
movidos por el Espíritu Santo,
nos dirigimos directamente a tu corazón:
abraza con amor de Madre este mundo nuestro
que te confiamos y consagramos,
llenos de preocupación por el destino terrenal
y eterno de los individuos y de los pueblos.
¡Oh, pura, Inmaculada,
de la escasez y de la guerra,
de la destrucción incalculable, libéranos.
De los pecados contra la vida humana
desde su inicio, libéranos.
Del odio, libéranos.*

---

20  Juan Pablo II, 25 de marzo de 1984.

*De toda clase de injusticia en la vida social, nacional
e internacional, libéranos.
De la facilidad para incumplir los mandamientos
de Dios, libéranos.
De los intentos de ofuscar en los corazones humanos
la verdad de Dios, libéranos.
De la pérdida de sentido del bien y del mal, libéranos.
De los pecados contra el Espíritu Santo, libéranos,
libéranos.
Oh, Madre de Cristo, permite que sea revelado
el infinito poder salvador de la Redención;
que eso detenga el mal.
¡Que tu Inmaculado Corazón revele para todos,
la luz de la esperanza!
Amén.*

## Oración de consagración de la Comunidad Evangelizadora Mensajeros de la Paz[21]

*Virgen María, cuyo corazón desborda de bondad,
hoy venimos a consagrarnos a Dios
por medio de tu Inmaculado Corazón.
Tú nos invitas para que, a través de nuestro sí a Dios
y con nuestro servicio (como Mensajeros de la Paz),
mostremos tu amor por nosotros y por el mundo
entero.*

---

21  Compuesta por el padre Gustavo E. Jamut, omv, para ser utilizada cada año en la renovación anual de la consagración que hacen los Cenáculos de la Comunidad Evangelizadora Mensajeros de la Paz; sin embargo, puede ser adaptada para ser usada por otros grupos y movimientos eclesiales.

*Te pedimos, Madre, que el fervor que brota de tu
corazón descienda sobre todos nosotros
y sobre cada bautizado para que –abrasados por el
fuego del Espíritu Santo– nos comprometamos cada
día más para ser luz en nuestras comunidades, en la
Iglesia y en todos los ámbitos de la sociedad, creando
unidad y transmitiendo el amor de Dios de manera
concreta a la mayor cantidad posible de personas.
Madre, te amamos inmensamente,
ayúdanos a transformar nuestros corazones
para que demos –como tú lo hiciste– lo mejor de
nosotros, con un sí pleno al llamado de Dios, para
servir con alegría y responsabilidad en las diversas
tareas evangelizadoras que se nos han confiado.
Que sirvamos, Madre, como tú lo hiciste en Nazaret,
en Ain Karen, en Belén y en cada lugar donde
estuviste... ayúdanos, Madre, a madurar
en el verdadero amor y entrega.
Acuérdate de nosotros, Virgen María, especialmente
cuando caemos en la tentación del desaliento,
de la confusión, o de la tibieza. Tú sabes que nosotros
somos hombres y mujeres pecadores, y aun así sigues
amándonos.
Ayúdanos a rechazar la sutil tentación de la tibieza
y de la mediocridad, saliendo de nuestras zonas de
confort y de comodidad, para servir al Señor
como tú lo hiciste y como él nos pide ser servido.
Con tu santísimo y maternal corazón, sánanos de
toda enfermedad espiritual, libéranos de toda forma
de ceguera, sordera o parálisis espiritual para que*

*hoy y cada día podamos orar diciendo:*
*"Con tu ayuda hoy comienzo nuevamente".*
*Haznos, Madre, capaces de contemplar la bondad*
*de tu maternal corazón para que así nos convirtamos*
*cada día más, para amar a Dios y a la misión*
*a la que él nos ha llamado. Que así sea.*

## Oración de consagración[22]

*Oh, Corazón Inmaculado de María,*
*desbordante de bondad, muestra tu amor*
*por nosotros.*
*Que la llama de tu corazón, oh María,*
*descienda sobre todos los pueblos.*
*Te amamos inmensamente.*
*Imprime en nuestros corazones un verdadero amor.*
*Que nuestro corazón suspire por ti.*
*Oh María, dulce y humilde de corazón, acuérdate*
*de nosotros cuando caemos en el pecado.*
*Tú sabes que nosotros, los hombres,*
*somos pecadores.*
*Con tu santísimo y maternal corazón,*
*sánanos de toda enfermedad espiritual.*
*Haznos capaces de contemplar la bondad*
*de tu maternal corazón para que así*
*nos convirtamos a la llama de tu corazón. Amén.*

---

22  Oración que la Virgen dictó a la vidente Jelena Vasilij en noviembre de 1983.

*Oye y ten entendido, hijo mío, el más pequeño, que es nada lo que te asusta y aflige.*

*No se turbe tu corazón, ni te inquiete cosa alguna.*

*¿No estoy yo aquí que soy tu Madre?*

*¿No estás por ventura en mi regazo?*

(Palabras de Nuestra Señora de Guadalupe a Juan Diego).

Para contactarte con el padre Gustavo Jamut
y el padre Diego González Rivera, y consultar
el calendario de retiros, jornadas, ejercicios espirituales
y peregrinaciones de la Comunidad de los Mensajeros
de la Paz, puedes visitar la página web
https://www.comunidadmensajerosdelapaz.org/,
en donde, además, podrás encontrar un espacio de
oración, reflexión y crecimiento.

También, puedes visitar y suscribirte al canal
de YouTube CEMP.

Y si deseas comunicarte por email, puedes hacerlo a:
padrediegocemp@gmail.com,
o telefónicamente, al tel.: 054 11 4554-8189.

www.ingramcontent.com/pod-product-compliance
Lightning Source LLC
LaVergne TN
LVHW010201070526
838199LV00062B/4448